공부하는 일

인문잡지 한편이 만난
저자와 편집자 6인이
연구하고 글 쓰는 방법

대학원 진학을 고민할 때 엄마가 말했다. 너는 차분히 앉아서 공부할 성격은 아니라고. 옆에서 아빠는 그래도 내가 공부를 더 하길 바랐지만, 과연 산만한 나는 대학원에 가지 않았다.

출판사에 들어와 인문사회 책을 만들게 되자 필자도 동료도 학력 높은 사람이 많았다. 저마다 전문 지식이 있다는 것을, 저마다 얼마나 높은 벽과 깊은 굴이 있는지를 점차 알게 되었다. 학술 연구가 분과를 넘어 퍼져 나가지 못하는 데에는 대학 제도의 문제가 있었다. 독서는 언제나 중요했지만, 다들 전공분야 논문을 보느라 단행본은 통 읽지 않았다. 서로가 무슨 연구를 하는지, 어떤 책을 냈는지 모르는 사람들을 따로따로 만나면서 나는 더 산만해졌고 공부가 부족하다는 느낌에 시달렸다.

인문잡지 《한편》은 이처럼 동떨어진 연구들을 서로 연결하는 잡지다. 매년 1월, 5월, 9월 발행해 10호 '대학'에 이르기까지 열 편씩 백 명의 글을 실었다. 사회학, 철학, 인류학, 경제학, 문학, 과학기술학, 역사학, 교육학 등등 분과 학문을 가로지르며 새로운 저자를 만났다. 차분히 앉아서 연구하는 사람들의 이야기를 캐내는 배움의 과정이었다.

2020년 창간호 '세대' 출간을 앞두고 필자들과 동료 연구자들, 편집자들이 모여 사전 세미나를 했다. 소속된 학교와 회사가 다르고 전공과 관심사가 다르지만 한 편의 원고를 함께 읽고 의견을 주고받았다. 첫 번째 독자들은 글의 제목, 논지, 표현에 관해 개선안을 던졌고, 저자는 비판적인 의견을 듣는 고통을 감수했다. 《한편》은 매호 이렇게 쓰는 사람과 읽는 사람을 연결하는 자리를 마련한다. 읽기 모임을 조직하는 것은 내 성격에 맞기도 했으니, 공부란 학교 안팎에서 계속되는 일이라는 걸 깨달았다.

이 책은 인문사회 출판 현장에서 만난 저자와 편집자의 이야기다. 《한편》 창간 3주년을 맞아 그동안 함께 일했던 필자와 출판계 동료에게 인터뷰를 청했다. 문화연구자 김선기, 과학기술학 연구자 강연실, 미학 연구자 남수빈, 정치학 연구자 조무원, 미디어 리터러시 연구자 김아미, 교통·철학 연구자 전현우 여섯 사람은 학문과 일상을 연결하는 일을 한다. 과학잡지 《에피》와 서평지 《교차》의 편집, 연구에 근거한 단행본 집필을 둘러싼 경험을 캐묻고 고민과 전망을 나누었다. 나와 함께 인터뷰를 진행한 김세영, 맹미선 편집자는 자기 이야기를 꺼내서 진솔하고 아낌없는 답변으로 보답받았다.

인터뷰집의 특징은 일하기 위한 공부, 공부하기 위한 일을 이야기한다는 점이다. 우리는 지금 하는 일을 물으면서 인터뷰를 시작했다. 공부한 내용을 일에 어떻게 활용하고 있는지도 물었다. 학문과 노동을 연결시키는 이런 질문은 배운 게 쓸모 있어야 한다는 조바심이기도 하지만, 공부가 삶에서 소외되지 않기를 바라는 절박함이기도 하다. 독자는 지식인의 책무라는 오래된 말이 새로운 세대의 연구자들에게서 어떻게 구체화되고 있는지를 확인할 수 있다.

인터뷰에서는 동료들의 이름을 부르고, 내가 속한 곳의 고유명사를 언급한다는《한편》의 편집 방향을 관철했다. 학벌에 따른 차별을 비판하는 한편 지식 생산을 둘러싼 사실관계를 밝히는 것 또한 필요하다. 지식은 한 사람의 머릿속에서만이 아니라 그의 출신지, 소속기관, 인간관계 속에서 만들어진다. 그렇다면 부르디외와 나, 비트겐슈타인과 나만이 존재하는 고요한 지면을 벗어나 비트겐슈타인을 알려 준 스승, 부르디외를 함께 읽은 동료, 그 모든 일이 일어난 장소에 관심을 기울여야 한다. 독자는 본문에 언급되는 인명과 지명으로 한국 인문·과학 지식이 만들어지는 지도의 일부를 그려 볼 수 있을 것이다.

여섯 사람의 이야기에는 위기라는 말보다 재미라는 말이 자주 나온다. 공부가 시작된 순간에는 과학앨범, 백과사전 같은 추억의 책과 『당신들의 대한민국』, 『나의 친구 마키아벨리』, 『제국』 등 한 시대를 풍미한 책이 있다. 읽는 재미는 쓰는 의무로 이어진다. 생산의 고통을 감수하는 요령은 간추리면 이렇다. 공부하는 일은 소수만의 전유물이 아니며, 함께할 때 활로가 열린다. 독자도 이 책과 함께 나만의 공부를 이어 간다면 좋겠다.

신새벽(편집자)

차례

"무의미에서 벗어날
공동연구를 하고 싶어요."

**문화연구자
김선기 인터뷰**

김선기는 『청년팔이 사회』(오월의봄, 2019)를 쓰고 《한편》 창간호 '세대'에 「청년팔이의 시대」를 실은 문화연구자다. 연세대학교 신문방송학과를 졸업하고 같은 대학교 커뮤니케이션대학원 미디어문화연구전공 과정에서 석사논문 「'청년세대' 구성의 문화정치학: 2010년 이후 청년세대담론에 관한 비판적 분석」을 썼으며, 장-특정적 세대에 관해 박사논문을 쓰고 있다. 《한편》의 저자, 편집자들과 교류하고 독자 반응을 얻었던 일이 연구에 중요한 계기가 되었다고 말하는 그는 탐구 시리즈로 출간될 두 번째 책을 쓰고 있다. 세미나, 학술대회와 같은 여러 활동을 조직하고 청년 정책에 참여하면서 《교차》 《서울리뷰오브북스》 《문화과학》 등에 글을 싣는 등 지면과 현장을 바쁘게 넘나드는 김선기의 세대 정치 탐구는 어떻게 이루어지고 있을까?

독자운동을 위해 또래 세대를 인터뷰하고 있는 김선기에게 묻고 싶은 것은 우리 세대의 전망이었다. 나는 학술장과 대중독자를 연결하는 인문잡지를 3년째 만들며 거둔 성과가 있고 즐거운 일도 많았다. 하지만 대학과 출판시장 사이에서 애매한 데 서 있다는 느낌이 사라지지 않는다. 인문학이 낯선 독자들을 위해 더 쉽게 편집하면 될까? 대학 캠퍼스로 들어가 더 많은 학생들과 연결되어야 할까? 한국 사회를 향해 더 선명한 의제를 던져야 할까? 글의 완성도를 높이기 위한 시간은 어떻게 벌 수 있을까? 동료 편집자들과 공유하는 이런 고민을 꺼내자, 청년세대 연구자로 첫 번째에 꼽히는 김선기는 '새로운 세대'로서 일한 3년을 돌아보며 구체적인 문제의식을 나눠 주었다.

2022년 12월 매섭게 추운 날 신촌문화정치연구그룹이 깃들어 있는 '더컬처럴'을 찾아갔다. 신촌오거리를 지나 식당, 술집이 가득한 연세로에 있는 건물에 이르자 지하에 방탈출카페가, 맞은편에 맥주집이 보였다. 들어가니 세미나실 여러 개와 사무실로 나뉜 넓고 밝은 공간이었다. 2019년에 설립된 신촌문화정치연구그룹은 김선기가 소속된 학술단체로, 신촌을 거점 삼아 세미나와 문화연구포럼G를 열고 있다. 마포, 대흥을 거쳐 신촌에 더컬처럴을 자기 이름으로 처음 계약하면서 매일 테이블을 닦고 커피 찌꺼기를 치우는 자영업자가 되었다는 김선기가 뽑아 준 커피를 마시며 동년배의 애매함에 관해 마음껏 이야기 나눴다.

인터뷰 신새벽

공부의 성과를

어떻게 평가하나요?

"혼자 잘하는 사람이 많아 봐야
오늘의 문제를 바꿀 수는 없어요.
세대로서 잘해야 합니다.
학술 연구에서나 현실 정치에서나
우리 세대가 성과를 거두기."

《한편》 회상에서 시작해 볼까요? 창간호에 나란히 글을 실은 박동수 편집자, 이우창 연구자 등과 청년세대 정치에 관해 이야기한 2019년 겨울의 사전 세미나가 기억나요. 2020년 1월 「청년팔이의 시대」를 발표한 이후로 어떻게 보내셨어요?

첫 책 『청년팔이 사회』가 나와서 쉼 없이 달리던 때였죠. 계속 북토크를 하는 상황에서 못다 한 얘기를 꺼낼 지면이 주어져서 좋았어요. 북토크를 하다 보면 독자의 반응을 체감하면서 스스로 미진하게 여기는 부분도 보이니까요. 《한편》 편집 방향이 외국 학자 인용만 하지 말고 자기 목소리로 이야기하자는 것이라서, '세대' 호의 「청년팔이의 시대」는 제가 쓴 글 중에서 가장 내 목소리로 얘기한다는 느낌이었어요. 뭔가 덜 꾸

며진 내 목소리로 얘기할 수 있는 느낌.

"청년들도 '청년'을 판다. 이러한 현상을 분석한답시고 매번 A4 한 장에 '청년'이라는 단어를 20~30번은 입력하는 나 같은 연구자의 행위도 근본적으로는 청년팔이가 아니라고 할 수 없다."(《한편》1호 '세대', 39쪽) 같은 유머와 반성이 담긴 문장이 떠올라요.

이 글과 달리 서평지《교차》창간호(읻다, 2021)에 실은 서평은 어두운 분위기였는데요.「한국 지식장은 서구 종속성을 탈피할 수 있는가:『글로벌 지식장과 상징폭력』·『애도의 애도를 위하여』」말이에요.

지금도 계속되고는 있지만, 내가 뭘 써도 의미가 없는 것처럼 느껴지는 시기였어요. 청년세대 담론에 대한 비판적인 연구로 바빴던 시기가 있는데요. 이런 제 역할은 사실 현실 정치와 이어져 있었던 거죠. 2020년 7월 박원순 시장이 죽었고 2022년 3월 20대 대통령 선거가 있었고, 일거리가 계속 없어졌어요. 청년 정책에 관련해서 해 온 작업들이 무의미해지는 과정이기도 했죠. 정신적으로 계속 좋지 않았어요.

한편 김경만, 진태원이라는 대저자의 책에 말을

없어야 한다는 것도 무척 부담스러웠어요. 마감이 늦어지는데도 김현우 편집장님이 기다려 줘서 원고가 겨우 나왔고, 병원을 다니기 시작하면서 그래도 이제 조금씩 회복하고 있어요.

사회학, 철학에서 나온 중요한 국내서를 평가해야 하는 우울을 고통스럽게 돌파했기에 다른 저자들을 만날 때마다 추천했던 글이에요. 이 서평처럼 지금의 2030세대가 윗세대와는 다른 세계 인식과 방법론을 이야기하는 여러 시도가 있었잖아요. 『연구자의 탄생』(돌베개, 2022), 『한국에서 박사하기』(스리체어스, 2022)와 같은 모음집이 있고, 『청년팔이 사회』처럼 논문을 단행본으로 출간한 경우도 많고, 윤아랑·이여로·나원영·강덕구 등의 비평집도 주목받았고요.

《한편》의 글에서 선생님은 학술장 안팎에서 논의를 연결하자고 주장했는데, 그동안 젊은 연구자들이 이룬 성과를 어떻게 보시나요? 저는 청년세대의 대상화에 분노하던 때를 지나 적어도 뭔가 쌓이고 있다고 보거든요.

어쨌든 내 위치에서 보게 되는 거라, 제가 속한 신촌문화정치연구그룹(이하 신문연) 안에서 이런 얘기를 자주 했어요. 사람들은 모이는데, 그 사람들이 모여서 성과를 만들어 내기가 요원하다. 연구자들이 모인 학회 같은 곳에서 오가는 말들이 뭔가 아직 부족하게 여겨져요. 내가 뭘 쓰고 말하는 게 되게 의미가 없다는 생각을 너무 많이 해서 남들도 박하게 보는지 모르겠지만요.

연구자는 늘 논문을 쓰니 책이 나오는 건 연구자가 워낙 많아서 벌어지는 일이라면, 연구자 공동체에서 집단적으로 만들어 내는 성과가 보였으면 좋겠는데 그냥 혼자 있는 사람들이 잘되는 거예요. 그걸 보면 저는 오히려 좀 타격을 받아요. 혼자 잘하는 게 아니고 함께 문제의식을 드러내야 한다는 이상과 현실에 약간 불일치가 있는 거죠.

학술장에서 대학이 무너지고 있고 연구자들이 갈 곳이 없다는 공통의 문제의식 내지 감수성은 확실히 존재합니다. 제가 문제 삼는 것은 예를 들면 신문연에서 무슨 이론을 연구할까, 어떤 문화정치 활동을 펼칠 것인가 하는 표면화된 문제의식 또는 내세우는 의제가 없다는 거예요. 그래서 세미나를 짤 때도 우리의 큰 방향성이 있어서 그에 따라 설계하는 게 아니라, 그냥 각자 하고 싶은 공부를 조합해서 프로그램으로 나가는 상황이에요. 이런 의미에서는 집단연구를 하는 공동체라고 보기는 어렵죠. 신문연의 이름으로 담론을 제기하지 못했다는 자평입니다. 2023년 워크숍에서 이 얘기를 또 엄청 하게 되겠다 싶어요.

신문연 활동을 4년 함께해 왔는데 집단연구가 안 되었다니 뼈아프게 들려요. '공동체'라고 하면 네트워크, 플랫폼, 생활공동체 등 여러 의미가 있을 텐데요. 좀 더 작게 잡아서, 함께 공부하는 주변 동료들이 누구인가요? 집단연구란 서로 읽는 글, 쓰는 글에 관해 터놓고 의견을 주고받는 일에서 시작된다는 생각에서요.

신문연 동료들을 그래도 첫 번째로 꼽고 싶어요. 하지만 글을 보여 주지 않은 지는 좀 되었네요⋯⋯. 한때 소논문을 쓰면 후배들에게 보내 주기도 했는데, 오히려 공동체 속에서 나도 열지 않고 있구나 하는 생각이 들어요. 사실 글 보여 주기가 제일 어려운 일이에요.

공동체로 굴러가기 어려운 이유 중 하나가 관계 설정인 것 같아요. 집단 속에서 결국에는 리더 역할을 하는 사람이 생기는데, 구성원이 모두 평등하게 만난다는 취지와 충돌하니까요. 지금 저는 박사논문을 쓰고 있는데 누구는 석사 과정이라거나, 똑같은 단계에 있더라도 누구는 써야 하는 글이 많고 적은 차이가 있죠. 열 명이 쓰는 글을 서로 읽어 주자면 어떻게 나눌지도 애매하잖아요.

지금 박사논문은 교수님만 읽고 있어요. 보여 준다는 것 자체가 그냥 자신이 없어요. 동료 채태준이 박사논문 주제가 뭐냐고 맨날 물어봐요. 그런데 제가 그것도 말 안 해 주는 거예요. "장-특정적 세대에 대한 연구야."라고야 당연히 말할 수 있죠. 스스로 확신이 있는 상태에서 주제를 풀어내고 싶은데 아직 안 되네요.

아아…… 박사논문이나 단행본을 쓸 때 상의할 사람이 없었다는 이야기를 다른 저자들에게서도 더러 듣거든요. 원고 자체가 마감에 이르러서야 완성되고, 그때 무슨 말을 하고 싶었는지 밝혀지니까, 중간에는 무슨 말로 설명할지 막막하겠다고 짐작했어요.

저는 글쓰기란 말이 되게 만드는 일이라고 생각해요. 세상에는 말이 안 되는 문장이 너무 많은데, 말이 되게 만들고 싶어요. 논문 쓰기를 가르칠 때도 저는 무조건 '주장과 정당화'라고 얘기하는데요. 깐깐하다고 할 수도 있겠지만, 저에게 글쓰기란 자기표현이나 묘사

라기보다 꼬여 있는 고민들을 말이 되게 풀어내는 일이에요. 지금 박사논문을 쓰면서 어려운 것도, 청년이나 세대에 대한 고민이 너무 꼬여 있고 말로 표현할 수 없는 상태로 얹혀 있는데 이 오래된 연구 주제를 일단 말이 되게 써야 하기 때문이죠.

문화연구 중에서도 저는 경험 연구를 하는 사람인데요. 박사논문 인터뷰를 시작하기까지가 무척 힘들었어요. '해 봤자 너무 뻔할 것 같아. 결국 재미없는 얘기만 하고 끝나겠지. 더 우울해지겠지.' 하고 지레짐작했고, 너무 준비되지 않아서요.

인터뷰는 또래 세대가 각자 속한 장에 따라 형성되는 모습을 구체적으로 파악하기 위해서 대상자를 정치하는 사람, 연극하는 사람, 뉴미디어 종사자 세 부류로 설계했는데요. 만나기 전에는 '나는 연극을 너무 모르는데……' 이런 상태였다가도 만나고 오면 기분이 좋아져요. 이론적인 틀을 보는 눈이 달라지는 걸 그냥 느끼는 거예요. 왜 진작 안 했지, 후회하면서도 돌아오면 또다시 원래 상태가 되지만, 그렇더라도 공부하는 사람은 인터뷰 참여자나 경험 자료 없이는 나아갈 수가 없다는 걸 알아가는 중이에요.

그런 의미에서 인터뷰 참여자를 두 번째 동료로 꼽고 싶어요. 주변에 있는 실제 동료들에게도 얘기하지 못한 나의 문제의식을 두고 두 시간씩 토론을 하는 사람이니까, 그 사람 없이는 고민을 풀어 나갈 수가 없는 거죠.

선생님을 인터뷰하는 저도 얻고 싶은 앎이에요. 전공인 문화연구에 관해서 좀 더 설명해 주신다면요?

연세대 미디어문화연구 전공에서는 공부할 때 많은 문헌을 찾아보도록 훈련받아요. 문헌 연구를 먼저 충분히 하는 자세가 몸에 남아 있어요. 또 문화연구에서는 이질적인 것들을 붙이는 일을 어색하게 여기지 않는데요. 실제로 글을 쓸 때 '이렇게 서로 다른 걸 붙이는 게 적합한가?' 하는 의심을 별로 중요하게 여기지 않고, 기본적으로 뭐든 연결할 수 있다는 태도를 가지게 됩니다.

문화연구의 기본적인 특징으로 두 가지가 있다고 보통 얘기하는데요. 하나가 비판적인 것, 다른 하나가 탈분과성 혹은 학제성이에요. 사회학에서는 사회학의 시초를 콩트, 뒤르켐으로 꼽은 다음 마르크스도 사회학자, 푸코도 사회학자라고 본다면 문화연구에서는 거의 뭐 스튜어트 홀 빼고는 없어요. 누구 하나 '문화연구자'인 사람이 없다는 걸 공부하기 때문에 그냥 막 갖다 쓰는 거죠.

　문화연구를 시작했을 때 일단 재밌다는 게 가장 새로운 감정이었어요. 그런데 이게 읽기만 하는 거였으면 저는 별로 큰 재미를 못 느꼈을 것 같아요. 매주 과제를 하면서 글을 써내는 재미가 컸어요. 글쓰기 과제에 스트레스를 받는 사람들도 많을 텐데, 저는 발제문, 토론문 쓰는 일, 팀페이퍼 쓰는 과정도 즐거웠어요. 책 읽는 것도 물론 재미있지만, 뭔가를 생산한다는 게 역시 재미있어요.

논문과 정기간행물 원고에서 공동연구까지 온갖 매체로 다작하는 선생님의 동력은 재미이군요. 문화연구를 전공하려는 사람들이 반드시 검토할 만한 연세대 커뮤니케이션 대학원은 어떤 곳인가요? 《한편》 5호 '일'에 「동학개미, 어떻게 볼 것인가」를 실은 배세진 연구자도 같은 학부인 거죠?

　2008년 배세진 선배가 만든 '떠울림'이라는 학회에 한 학번 아래 신입생으로 들어갔어요. 대학 수업에서는 잘 가르쳐 주지 않는 다양한 분야의 서적을 학회 활동에서 접하고 비판적 문제의식을 살짝이라도 배울 수 있었어요. 배세진 선배는 지금도 말과활아카데미, 필로버스, 유럽인문아카데미 등의 연구 공간에서 활발하게 학생들을 만나 프랑스 철학을 강의하고 있죠.

대학원은 공부하는 일이 재밌다고 느끼게 해 준 소중한 공간입니다. 세미나식 수업을 처음 경험했는데, 특히 발제를 통해 각자가 수업에서 필요한 몫을 해 오는 분위기가 좋았어요. 특히 박사과정 코스웍 하던 즈음에는 성실히 임하는 뛰어난 동학들이 많아서 공부하기 정말 즐거웠던 시간으로 남아 있습니다. 발제할 때 다들 10페이지씩 써 오고 참고문헌도 주르르 달아 오고 그랬는데 말이에요. 돌아보니 그렇게 한 공간에서 같은 자료를 함께 읽고 토론하며 공부에만 집중할 수 있었던 시간이 인생에서 굉장히 예외적인 시기였구나 하는 생각이 들어요.

이상길, 윤태진 선생님이 전공 교수인데, 두 분을 생각하면 늘 떠오르는 석사과정 때 장면이 있어요. 논문은 저자와 심사위원 세 명만 읽는다는 식의 자조적 농담을 요즘도 종종 듣는데요. 한번은 이상길 선생님이 '글의 힘'에 관해서 적어도 공부하는 사람들은 믿어야 한다고 역설한 일이 있어요. 한글창 켜 두고 내가 지금 뭐 하는 건가 생각할 때 항상 그 말로 돌아가서 마음을 다잡습니다. 윤태진 선생님은 '청년세대' 담론이 반드시 청년들에게만 소구하는 것은 아니라고 코멘트 주신 적이 있어요. 나도 모르게 갖고 있던 한 가지 고정관념이 깨지면서 개안하는 느낌이었어요. 그렇게 유연한 사고를 늘 배우고 싶습니다.

쓰기, 함께 읽기에 비해 독서에 관해서는 여느 인문사회과학 연구자처럼 열광적인 반응을 보이지 않는 편인 것 같은데요. 가방 속에 늘 책이 있다거나 하는 스타일이 아닌가요?

가방은 없고 펜 한 자루 꽂고 다니는데요. 별로 안 읽는다고 말하기가 부끄럽지만, 저는 활자중독과 완전 거리가 멀어요. 사실 작업상에 필요한 것 외에 거의 안 읽어요. 낸시 프레이저를 읽어야 한다면 세미나 커리큘럼, 그러니까 일로 만들어서 읽게 만드는 식이죠. 페이스북 타임라인에 큐레이션 되는 글을 따라가면서 읽는 경우는 가끔 있지만, 페이지 이탈이 빠른 편이네요.

제일 많이 보는 글은 DB 검색을 통해 읽는 논문입

니다. 한국어는 KCI나 영문은 구글스콜라를 통해 인용 정보를 타고 타고 읽는 게 좋은 글을 만나는 가장 확실한 방법이에요. KCI가 좋은 건 인용 정보가 다 나온다는 거죠. 지금 읽고 있는 글을 인용한 글을 보여 주니까요. 제가 되게 좋아하는 글을 인용한 글을 따라가다 보면, 더 최근에 누가 또 좋은 글을 썼는지 만날 수 있어요. 좋은 대부분의 글이 영문이지만요.

사상가의 계보를 찬찬히 따라가거나, 학회지를 꾸준히 구독하며 분야 톱 저널을 계속 읽어 나가는 방식을 권장하는 경우가 많은데요. 특히 과거에는 유일한 방법이었을 수도 있죠. 그처럼 이 분야에서 누가 잘 나가는지를 체크하는 식으로 공부할 수도 있겠지만, 저는 우연히 접한 좋은 글을 인용한 사람들의 글을 따라가다가 나의 주제에 도움이 되는 글을 발견한 적이 훨씬 더 많은 것 같아요.

SNS라면, 페이스북을 심심할 때 글 읽기, 도대체 무슨 소리까지 하나 지켜보기, 홍보하기 용도로 사용하고요. 인스타그램은 매우 사적이고 이상한 공간인데 많이 하는 편은 아닙니다. 요새는 책 구매를 줄여서 필요한 책이 당장 있을 때만 사는 편인데요.《한편》은 애정을 갖고 구독하면서 틈틈이 읽고 있어요. 특히 최근에 흥미롭게 읽은 건 7호 '중독'인데요. 다소 은유적으로 중독의 의미를 확장한 글들도 와닿았지만, 실제 의료적인 중독 상황에서 주변인들이 겪게 되는 상황을 다룬 임상심리전문가 임민경의 「중독자의 곁에 있기」가 기억에 남아요.

주제와 관련된 글을 최대한 많이 찾아본 다음 재배치하면서 논의 지형을 파악한 끝에 결정적인 한 발짝을 내딛는 선생님 글에서 늘 조약돌 같은 의미를 얻고는 해요. 이건 공통 질문인데요. 과거의 경험을 바탕으로 정착한 공부법이 있다면 무엇인가요?

　대학 때까지 썼던 건 나만의 요약 노트를 만들고 그걸 설명하면서 익히는 방법이에요. 대학원 이후로는 공부를 체계적으로 한다고 생각해 본 일이 거의 없는데, 그래도 뭔가 각 잡고 읽을 때 요약 노트 만들듯이 손 글씨로 필기하는 버릇은 일부 생존해 있습니다.

　책을 사서 보는 걸 좋아하는 이유는 책을 더럽게 보기 위해서인데요. 읽으면서 떠오르는 생각을 바로 그 옆에 적어 둡니다. 아무래도 박사논문 주제인 장-특정적 세대를 연구하느라 사회학자 피에르 부르디외의 책들을 여러 번 읽게 되는데요. 다시 읽으면서 쓰려는 메모가 이전에 읽을 때 이미 기록되어 있으면 뭔가 희열감이 듭니다. 책이 너덜너덜한데, 이건 비 오는 날 이사하다가 다 젖어서 그런 거예요······.

장서 이야기가 역시 재미있어요. 시간을 거슬러 올라가 나의 첫 번째 책을 꼽아 볼까요. 옛날이야기가 궁금합니다.

용돈이 적었는데, 책은 한 달에 한 번 목록을 작성하면 무한정 느낌으로 살 수 있었습니다. 제가 살았던 전주 동네 근처에는 큰 서점이 없어서 온라인 서점으로 주문했어요. 인문사회과학 카테고리의 베스트셀러 목록을 보며 장바구니에 책을 넣었죠. 대학원생인 지금보다 더 정기적으로 많이 산 듯해요. 물론 다 읽진 않았습니다. 중1 즈음 집에서 산 책을 이해가 잘 안 가더라도 몇 쪽 깔짝거리며 책상에 올려놓으면, 과목별로 선생님들이 그 책을 발견하고 칭찬해 주는 게 좋아서 교과 외의 공부에 얕게 입문했습니다.

한 권을 꼽자면 『당신들의 대한민국』. '한국인보다 한국을 잘 아는 귀화 한국인' 박노자의 책이죠. 1989

년생인 제가 중학생 때 산 책이니까 아마 한겨레신문사에서 2001년에 출간된 초판이었을 거예요. 내용에서 어떤 영향을 받은 건지는 기억나지 않지만, 정동적으로 완전히 타격당했습니다. 2002 한일 월드컵을 개최하고 '국뽕'에 차 있던 분위기 속에서 이런 제목의 책을 읽은 게 충격이었어요. 말 그대로 깨어 있게 되는 느낌. 막상 진보, 보수, 조중동 같은 '운동권' 용어는 대학 가서야 알게 되었는데 말이에요.

그 뒤 대학 학부에서 영향받은 책이라면 좋아했던 과목의 교재였던 존 스토리의 『문화연구와 문화이론』(현실문화, 1999)이에요. 문화연구자들이 보기에는 재미없는 대답이겠지만 솔직히 말해 그렇습니다. 문화연구에서는 거의 경제학 원론에 해당하는 입문서인데요. 경제학 원론이 기초에 해당한다면, 『문화연구와 문화이론』은 정체성을 이루는 느낌이랄까요. 대학원 신입생 세미나를 하듯 이후 주기적으로 이 책을 읽을 때마다 내가 왜 문화연구를 좋아했는지, 왜 입문했는지, 여전히 나를 문화연구자로 정체화할 수 있다면 왜인지 등을 곱씹어 보게 됩니다.

박노자, 강준만, 진중권, 유시민 등 '논객'의 책을 읽으며 한국 사회 비판에 참여한다는 의식이란 1988년생인 저도 공유하는 세대 경험이에요. 그럼 독자로서만이 아니라 지금처럼 기획자, 저자로서 돌아봤을 때 기억에 남는 경험도 있나요? 저는 《한편》을 만들다가 문득 네다섯 살 때 흰 종이에 공주 그림을 그려 놓고 이건 '공주 월간지'라고 이름했던 때가 떠올라서 아찔했네요.

고등학교 때 교지 편집반이었죠. 출판사 가서 디자이너랑 옆에 앉아서 밤새우고 학교에 다시 가는, 뭔가 성인 같은 일을 해 본 경험이었어요.

대학 2학년인 2009년에서 2016년까지는 인터넷 언론 고함20에서 활동했어요. 기자로서 당연히 인터뷰와 기사 쓰기를 정말 많이 했는데, 그 경험은 연구자로서의 일에도 자연스럽게 연결되었어요. 이런저런 실무를 하고 행사를 기획하고 사람들을 조직하는 단체 운영을 해 봤다는 건, 지금도 왜 동료들과 같이 단체에서 연구를 하고 싶어하는지를 설명해 주는 듯하네요. 고함20에서 경험한 문제의식들이 나중에 논문으로 나오게 되기도 했어요. 당시에 행사 진행을 위해 크라우드펀딩을 진행하면서 느꼈던 감정에서 인디뮤지션 크라우드

펀딩에 관한 논문을 쓰기도 했고, 고함20의 독립언론 활동 경험 자체에 대한 논문도 있습니다. 여기에서 《한편》 이한솔 편집자와 알게 되기도 했죠. 원래 내향적인 성격인데…… 이런 인문사회 쪽 사람들이 다들 내향적이니 이 중에서는 외향적으로 보일 수도 있어요.

학부 동아리 시절에 만난 동료와 이제 저자, 편집자로 만나 다음 책을 만들게 된 거네요. 학창 시절의 인연이 사회생활의 인맥이 된 기성세대적인 경험인데, 지금 한국 출판계에서 구매력, 영향력으로 큰손인 4050세대와 비교해 보게 돼요. 우리가 속한 30대는 뭔가 해 보겠다는 의지가 충만하면서도 아직 애매한 위치에 있다는 느낌인데요. 세대 연구자로서 미래를 어떻게 전망하시나요?

애매한 게 나이를 먹기 때문이기도 해요. 30대 중반이 된 우리가 젊은 세대로서 실천을 한다면, 일종의 '긴 세대'로서 하는 건데요. 2017~2018년 무렵 저보다 10년 위인 지금 40대 선배들이 이야기하던 위치로 점점 다가가고 있는 거잖아요. 지금 진짜 젊은 세대라면 2000년대생들이고요.

1980년대생 입장에서는 청년세대로서 무언가 할

수 있는 연한이 자꾸 짧아지고 있습니다. 마치 남성에 비해 여성이 그렇듯 젊은 사람들은 사회의 중심에서 멀기 때문에 기성과 다른 생각을 할 수 있는 가능성이 있는 건데요. 나이가 많아지면 실제로 다른 생각을 못 한다는 의미라기보다는, 뭔가 다른 일을 하려고 해도 더 이상 젊다는 것만으로 인정받지는 못할 것이라는 낌새를 느껴요. 세대 개념에 대해 전방위로 비판했지만 저역시 세대 연구자로서는 세대주의자라고 해야겠는데, 세대주의자로서 수명이 얼마 남지 않았다는 것입니다.

세대를 말하자면, 인터뷰 처음에 이야기했듯 혼자 잘하는 사람이 많아 봐야 오늘의 문제를 바꿀 수는 없을 것이라고 생각해요. 말하자면 세대로서 잘해야 합니다. 학술 연구에서나 현실 정치에서나 우리 세대가 성과를 거두기. 서에게는 박사논문과 단행본 집필에서 풀어 가야 할 문제이지만, 또래들과 공유할 실천 방법으로 징징거리지 말자고 말하고 싶어요. 징징거릴 시간에 더 많이 만나서 변화를 도모할 수 있었으면 좋겠습니다. 그리고 저로 말하자면, 내 글을 좀 더 꺼내 놓고 이야기할 용기가 필요하겠네요.

"지식, 체험만이 아니라
질문을 맞닥뜨릴
기회를 만듭니다."

과학기술학 연구자
강연실 인터뷰

강연실은 과학기술학 연구자다. 이화여대 환경공학과를 졸업하고
한국과학기술원(KAIST) 과학기술정책대학원(STP)에서
박사학위를 받았다. 과학기술과 환경 재난에 대해 주로
연구했으며, 과학문화에 관심을 갖고 활동해 왔다. 지금은
국립중앙과학관 학예연구사로 근무 중이다.

흔히 과학자라고 하면 떠올리는 이미지는 종이와 펜을 들고
어려운 수식을 푸는 이론물리학자나 하얀 가운에 장갑을 끼고
첨단 장비 실험실에 진입하는 응용물리·화학자, 생명공학자다.
데이터 분석이 주업인 천체물리학자들의 연구실에는 컴퓨터가
가득하다. 한편 과학기술학 연구자는 과학자일까? 누군가는
그렇게 보기도 하지만, 과학기술학자의 연구 대상은 어떤
물질이나 이론이 아닌 과학 자체.

서울대 과학학과에서 과학기술학을 전공한 나는 학회장과 과학 시민 단체, 과학문화 행사에서 강연실의 이름과 자주 만났다. 온오프라인의 연결망을 통해 근황을 접하기도 했지만 정작 서로 오래 이야기를 나눌 기회는 없었다. 과학비평잡지《에피》의 창간호부터 편집위원을 하고 있으며 한겨레·경향 등 언론 지면에서 과학학의 연구를 전하는 그가 어떤 자세로 대중 활동에 참여하는지 나는 늘 궁금했다. 내겐 너무 모호한 과학비평, 과학문화에 대한 정리된 관점을 그는 갖고 있을 것 같았다. 전국적인 폭설이 내린 다음 날, 2022년 연말 오후에 청량리역에서 춘천행 기차를 탔다. 한 시간 남짓한 시간 동안 바라본 창밖은 온통 하얀 논밭이었다. 역 앞 풍경도 전부 하얀데, 사람들의 발길 따라 길이 나 있다. 그 길을 따라 마중 나온 강연실과 만났다. 문 연 지 얼마 안 된 춘천의 동네서점 '바라타리아'에서 이야기를 이어 갔다.

인터뷰 맹미선

**연구의 확장은
어떻게 이루어지나요?**

"지식과 체험만이 아니라
예상하지 못한 질문과
맞닥뜨릴 기회를 만드는 일.
이것이 연구 활동을 확장하고
사회에서 역할을 하는 길입니다."

인문잡지 《한편》의 편집자로서 과학잡지 《에피》 편집위원을 만날 기회가 생겨 기쁩니다. 지금 어떤 일을 하고 계신지부터 들려주시겠어요?

2021년 말부터 국립중앙과학관 학예연구사로 일하고 있습니다. 과학관 전시를 기획하고 수장고를 관리하는 것이 주 업무예요. 2017년 4월부터 2022년 9월까지 《에피》 편집위원으로 활동했고, 과학기술학 전문가로서 2022년 사회적참사특별조사위원회의 가습기살균제 참사 종합보고서 일부를 집필하기도 했습니다.

박사학위 논문으로는 우리 사회가 석면 노출로 인한 피해를 알아내고 수습하는 과정을 썼습니다. 저의 주요 연구 주제는 환경보건 영역의 문제에 과학기술이 어떻게 관여하는지, 이와 관련된 과학 지식이 어떻게 생성되는지, 이런 지식과 사람들의 이해가 문제 해결을 위한 정책 결정 과정에 어떻게 개입하는지입니다. 논문 하나, 수식 하나로 표현되는 '과학 지식' 주변의 과학 이야기들이죠. 7년 전《에피》창간에 참여한 이유도 과학의 이야기가 우리가 아는 것보다 훨씬 다양하고 복잡하다는 것, 과학 역시 우리가 하는 여느 일처럼 인간 사회의 법, 제도, 문화에서 벗어날 수 없다는 관점을 더 널리 알리고 싶어서였어요. 이제껏 해온 여러 일은 이런 과학기술학 연구자 정체성에 뿌리를 둡니다.

과학관 입사 전까지는 카이스트 인류세 연구센터에 재직하셨는데요. 그곳에서도 환경보건 정책에 관해 연구했나요?

춘천 소양댐에 대한 연구를 하려고 했어요. 춘천은 제 고향이기도 한데요. 뉴스에서 차가운 소양댐 심층수를 활용한 데이터산업 육성 계획 소식을 우연히 보고 조사하면서 한국 토목사에 길이 남을 이 '자랑스러운' 기술 프로젝트가 지역사회의 환경, 산업 그리고 국가와의 관계에 끼친 영향을 알게 되었어요. 인류세 연구센터에서는 댐처럼 대형 기술 사물이 만들어낸 환경

적 부산물들이 인류세적으로 어떤 의미를 갖는지 탐구해 보고 싶었습니다.

이론이나 학계의 기존 담론에서 내가 기여할 수 있는 부분을 찾고 연구를 하나 더 얹는 것이 '연구의 정석'이라면, 저는 제 흥미를 잡아끄는 사건이나 키워드를 파고드는 편이에요. 모두의 문제보다는 저 자신과 관련된 문제여야 좀 더 애정을 주게 된다고 할까요. 소양댐 프로젝트 역시 어릴 때 댐에서 물을 방류하던 모습을 보며 자란 터라 관심이 가지 않을 수 없었죠.

이야기를 좀 더 옛날로 돌려, 선생님의 공부가 시작된 첫 번째 순간을 묻고 싶습니다. 어렸을 때나 학창 시절에 접한 책이나 저자를 소개해 주신다면요?

어릴 적 동생과 한 권씩 꺼내 읽은 과학 전집이 첫 공부가 아닐까 해요. 1993년 웅진출판에서 나온 '과학 앨범' 시리즈인데, 사진이 많고 글이 적은 작고 얇은 책이라 하나씩 꺼내 후루룩 읽기에 좋았습니다. 지금까지 제가 알고 있는 자연에 관한 상식은 이 전집에서 얻은 게 많아요. 그런데 이 독서 경험이 진짜 공부가 될 수 있었던 이유는 책의 내용을 생활에서 바로 관찰할 수 있었기 때문입니다. 시골에서 자란 덕분에 산에 흔히 있는 도토리가 어떤 것은 길쭉하고 어떤 것은 뚜껑이 꼬불꼬불하다는 것, 예쁜 육각형 눈 결정은 눈이 뽀송뽀송 내리고 햇빛이 잘 비쳤을 날에만 볼 수 있다는 것을 실제 체험으로 알 수 있었어요.

이런 호기심은 타고난 성격 같기도 해요. 어릴 적 아파트 베란다 난간에 쌍살벌이 집을 지었는데, 벌집이 어떻게 칸칸이 넓어지는지, 애벌레들이 어떻게 먹이를 받아먹고 자라는지를 매일 엎드려 지켜보고 관찰일기를 쓴 적이 있어요. 그림도 그리고요. 이렇게까지 관심을 가진 건 역시 자연을 관찰하는 것이 재미있어서였겠죠? 반면 중고등학교 때는 굉장히 수동적으로 공부한 편입니다. 책은 꼭 필요한 경우에만 봤고요. 대학원에 진학해서야 책을 보는 것이 '업'이 되었습니다.

대학원생이 되어 책과 다시 거리가 가까워졌다는 말씀이 인상적입니다. 대학원에서 주로 접하는 '콘텐츠'들은 논문이나 학술서일 텐데요. 이런 콘텐츠와 학계 소식은 어떻게 찾아보나요?

대학원 진학 후 접한 콘텐츠는 대부분 해외 자료

였습니다. 아침에 일어나 자기 전까지 컴퓨터 앞에 앉아 수시로 논문을 찾아 읽고, 해외 매체《뉴욕 타임스》나《뉴요커》, 과학 웹진《언다크(Undark)》의 글을 봤어요. 작가 개인으로는 과학 기자 에드 용(Ed Yong),《뉴요커》전속 필자이자 하버드대 역사학 교수인 질 르포어(Jill Lepore)의 글을 좋아합니다.

학계 소식은 해외의 경우 트위터, 국내의 경우 페이스북에서 알아보았습니다. 항상 마음이 바빠서 연구나 구직에 필요한 짧은 글과 정보를 빠르게, 많이 소비하는 데 치중했던 것 같아요. 최근 2년은 읽기나 공부에 시간을 쓰는 데 제약이 있어 제 인생에서 공부를 가장 적게 한 시기였습니다. 콘텐츠를 대하는 방식도 바뀌어 소셜 미디어 대신 책을 가까이하게 됐고, 공부와 직접적인 관계가 적은 책도 좀 더 많이 보게 되었어요.

연구에 불이 붙은 시기에는 최신 논점을 바로 확인할 수 있는 해외 문헌을 가까이할 수밖에 없는 듯합니다. 내 연구 주제의 논문과 학계 선생님들의 동향을 '리서치'하고 나면 막상 책 읽을 시간이⋯⋯.

콘텐츠 이력을 여쭈어 보았으니, 공부법에 관해서도 듣고 싶어요. 중고교부터 대학 때까지 책은 필요한 것만 읽으셨다고 했는데, 학부 동안의 공부는 어떠셨나요?

학부는 2005학번으로, 이화여대 공과대학 환경공학과를 나왔습니다. 대학 생활은 필수 과목 위주로 수업을 듣고 나머지 시간은 영어 공부를 하면서, 딱 모범생처럼 다녔어요. 이런 전형적인 공부가 아닌 저의 최초의 연구를 찾자면 석유 토양을 자연분해 하는 미생물을 다루는 조경숙 교수님 연구실에 학부 연구생으로 참여하며 한 실험을 꼽을 수 있겠습니다. 실험은 굉장히 재밌기도 하고 힘들기도 했는데, '내가 다루는 세상에서는 1mL 정도가 가장 크구나.' 하는 생각이 들면서 좀 더 큰 걸 다루는 사람이 되어야겠다고 마음 먹었습니다. 정책과 법 분야의 수업과 경영학 과목을 들으며 공공 영역의 일이 맞겠다고 판단해 환경정책연구원에서 약 5개월 간 위촉연구원으로 일했고요. 이후 2010학번으로 한국과학기술원 과학기술정책대학원에 입학했습니다.

무미건조한 대학 생활이라고 하셨지만 그만큼 틈 없이 학업을 이어 가셨는걸요. 대학원에 갈 결심은 어떻게 하게 되었나요?

이유는 잘 모르겠지만 제게 대학원 진학은 지극히 당연한 일이었어요. 학자 집안에서 자란 것도 아니고 옆에서 권유한 사람도 없었지만, 이상하게 중학생 때부터 난 박사가 될 거라고 생각했죠. 그런데 정작 대학원에 갈 때에는 박사학위를 받는다는 것이 어떤 의미인지 적극적으로 알아보지 않았어요. 공부를 하는 것이 단순히 문제를 푸는 일과 다르다는 걸 대학원에 가서야 알게 되었죠.

과학학 전공은 역사학, 사회학, 인류학 등 인문사회과학 분야의 방법론을 익혀 과학을 다루는 학문이지요. 제가 다닌 대학원도 3분의 2가 이공계 출신이라 글을 읽고 의견을 내는 공부 방식에 애를 먹는 동료가 많았던 기억이에요.

제가 그중 한 명입니다. 그간 읽지 않았던 책을 엄청난 양으로, 게다가 영어로 읽고 내 의견을 말해야 한다는 것은 이제껏 경험해 보지 못한 과제였습니다. 누가 시키지 않아도 스스로 찾고 확장하는 연구 말이지요. 대학원에 들어가고 얼마 안 되어서는 수업 도서를 읽고 어떤 인사이트를 얻었냐는 교수님 질문에 '인사이트'라는 것이 뭔지 되물은 적도 있습니다. 그때까지 제가 경험한 공부는 글이든 수식이든 주어진 텍스트를 최대한 잘 이해하는 것이었지, 내 생각이나 의견을 주석처럼 더하는 방식이 아니었거든요.

서로 막막했을 표정이 상상됩니다. 적응하느라 어려움도 많이 겪으셨을 텐데요.

비슷한 처지인 동료들과 함께 헤매는 식으로 버텼습니다. 그 시간이 지나면서 나만의 연구법을 깨닫게 된 일들이 하나둘 생겼고요.

하나를 꼽자면 석사과정 초창기에 지도교수인 박범순 교수님과 지도학생들끼리 한 소규모 프로젝트가 떠오르네요. 인권 변호사 조영래가 참여한 홍수 재해 재판의 판결문을 조사하는 과제였는데, '맨땅에 헤딩' 식으로 국내 사료를 찾는 과정을 통해 일차 자료를 수집하고 읽는 법을 익힐 수 있었습니다. 읽어 간 내용을 교수님과 토론하며 자료에서 의미를 찾는 법도 배웠고요. 그때 비로소 연구가 재밌다는 느낌을 받았습니다. 어릴 적 책에서 본 지식을 자연에서 확인했던 것처럼 저는 직접 경험을 해야 공부를 한다고 느끼는 것 같아요.

소속 대학 밖에서의 학술적 교류는 어떻게 하셨나요?

　　페이스북 같은 소셜미디어에서 온라인으로 지켜보다 학회장에서 얘기를 나누고, 다시 온라인으로 교류하는 식으로 느슨하게 유지한 편입니다. 학술장에서 만난 동료들과는 단번에 가까워지기도 하는데, 2017년 미국 드렉셀대 인류세 캠프에서 만난 브릿 달버그(Britt Dahlberg)라는 친구가 그랬어요. 펜실베니아대에서 의료인류학을 전공한 분으로, 만난 지 두 시간도 안 되어 서로가 하는 일이나 사고방식이 깜짝 놀랄 만큼 비슷하다는 걸 알 수 있었어요. 한국으로 돌아오는 공항에서 메일을 보내 다음 해 시드니에서 열릴 예정이었던 4S(Society for Social Studies of Science) 학회 세션을 함께 조직하자고 제안했죠. 시드니에서 저희가 대화하는 걸 지켜본 동료가 이렇게 말하더라고요. "언니랑 그분이 서로의 문장을 끝맺고 있었어." 박사 후 연구원으로 미국에 갔을 때에도 이 친구와 학술적 교류 외에 여러 면을 함께 나눴습니다.

　　국내 연구자와의 네트워킹은 잘한 것 같지 않아요. 다만 《에피》 13호에 글을 써 주신 농촌사회학 연구자 정은정 선생님을 흠모하고 있습니다. 어떤 집단을 오랫

동안 연구하다 보면 그들을 응원하고 지지하는 마음 때문에 연구자로서 적절한 거리를 유지하기가 쉽지 않아지는데요. 이런 점에서 농촌이라는 현장과 그 현장을 구성하는 사람들에 대한 애정을 견지하는 동시에 '먹이고 먹는' 생활의 면면을 쓰는 선생님의 작업이 무척 귀하다고 생각합니다. 정 선생님의 글을 읽으면 직접 뛰어다니며 보고 쓴 것의 힘이 이론적인 연구들보다 더 세다는 것도 절로 느끼게 됩니다.

그렇다면 연구자로서 나만의 공부법으로 소개해 주실 만한 것은 있을까요? 선생님의 필살기도 궁금합니다.

연구자로서 저의 '공부'는 흡수하기와 생산하기라는 두 과정으로 진행됩니다. 다른 사람들이 쓴 책을 읽고 그 책에서 발전시킬 만한 생각, 반박할 만한 주장을 파악하는 것이 흡수하기의 축이고, 각종 데이터를 사용해 제가 가진 연구 질문에 답을 내놓는 것이 생산하기의 축이죠.

물론 이 두 축을 균형 있게 쌓아 가는 일은 쉽지 않습니다. 저는 논문을 쓸 때도 작업 방식이 매번 달라지는 편이거든요. 이전 경험에서 아쉽고 어려웠던 점을 기억하며 새로운 연구 방법을 시도하기도 하고요.

그럼에도 제가 막힐 때마다 사용하는 방법이 있다면 바로 '수다'입니다. 편한 동료와 관심 주제에 대해 수다를 떠는 것이죠. 그동안 자료를 많이 보고 고민이 무르익었다면 이제 수다를 떨 시간입니다. 이때의 수다란 서로 주고받는 대화라기보다 일방적으로 제 생각을 내어놓으며 이루어져요. 그러다 보면 상대방이 좋은 아이디어를 주거나 그가 보기에 정리가 덜 된 부분을 짚어주기도 하고, 저 스스로 어느 부분이 부족한지를 깨닫게 되기도 합니다. 내 이야기를 동료에게 반사시켜 다시 듣는 이런 방법을 사운딩 보드(sounding board)와 소통한다고도 표현해요.

다만 이 방법이 통하려면 제 부족한 부분을 보여줄 수 있는 동료가 있어야 합니다. 덜 익은 아이디어와 약점을 내놓고 이야기하는 것은 큰 용기가 필요하니까요. 다행히 저는 세미나에서 질문하거나 스스로 부족한 것을 솔직하게 얘기하는 데에 스스럼없는 편입니다. 수다 전에 준비를 많이 하고, 말로 정리를 하는 동안 상대방의 반응을 계속 확인하는 것도 물론 중요하고요.

연구대상자나 학술장의 발표자에게 좋은 질문을

던지려 고심하는 건 또 다른 제 필살기입니다. '수다'가 생산 과정에서의 방법이라면 '질문'은 흡수 과정에서의 방법이라고 할 수 있겠네요. 연구 현장에서는 직접적이고 우회적인 질문들, 뻔한 질문과 새로운 질문을 적절히 섞어 가며 질문을 던져야 하는데요. 여러 번의 시행착오와 복기를 거쳐 이제는 조금 감을 잡았습니다.

발표자에게 질문을 할 때도 발표의 약점보다 강점을 중심으로, 발표자가 못다 한 이야기를 할 수 있을 만한 질문을 고심해 던지는 것을 제 나름의 원칙으로 삼고 있어요. 박사 말년 차에 이 원칙을 세우는 데 영향을 준 에피소드가 있었는데요. 어떤 학생이 학회 발표 연습을 하는 자리에서 STP 전치형 교수님이 '오늘은 장점을 한 가지 먼저 말하고 고칠 점을 이야기하자'고 제안하셨는데, 모두에게 이 일이 너무 어려웠던 거예요. 어느 연구나 약점보다 장점을 찾기가 어렵다는 걸 깨달은 날이었어요. 가끔 해외 학회 같은 곳에서 청중석의 학자들이 제가 던진 질문을 좋게 평가해 주기도 하는데, 그럴 때는 역시 뿌듯합니다.

좋은 대화 상대를 주변에 두는 것이나 좋은 질문을 던지는 연습은 단시간에 이룰 수 없어 더 강력한 필살기인 것 같아요. 특히 '수다' 상대로 신뢰하는 분의 이름을 들려주신다면요?

신유정 전북대 과학학과 교수가 고생해 주고 있어요. 제 이야기를 몇 시간이나 듣고 제가 복잡하게 생각하는 부분을 정리해 주거나 흥미롭게 들은 지점을 짚어 주거든요. 저희는 같은 교수님 밑에서 공부해 생각하는 방향이 비슷하지만 관심 분야나 일하는 방식은 많이 달라요. 과학문화, 환경 문제와 과학기술에 관심이 많은 저와 달리 신유정 교수의 관심사는 컴퓨팅, 뇌-정보화, 연구 정책입니다. 각자 분야의 전문성을 존중하며 연구의 논리 면에서 조언을 구하고 있고, 서로가 서로를 훌륭하고 능력 있는 연구자라고 믿고 있어서 상대의 장점을 더 살리려면 뭘 해야 할지를 잘 떠올리게 돼요.

이렇게 보면 저란 연구자란 어떤 특별한 공부법을 고수하기보다 좋은 동료 연구자의 자세를 배우고 적용하는 쪽에 가까워보입니다. 어떤 분에게서는 매일 생산해내는 꾸준함을, 어떤 분에게서는 사람과 사람을 연결 지어 흥미로운 일을 만들어내는 실행력을, 어떤 분에게서는 어려운 질문을 놓지 않는 끈기를 배우죠.

말씀처럼 공부하는 사람에게는 막힌 부분을 터놓고 이야기하고 또 강점을 일깨워 줄 수 있는 동료의 존재가 정말 중요하겠습니다. 그럼 이렇게 축적된 공부 방법이 지금 하고 계신 일에 어떻게 적용되는지 묻고 싶어요. 저는 선생님이 하신 여러 활동 중에서도 《에피》의 기획과 편집 과정이 늘 궁금했는데, 창간 당시에는 어떤 고민을 안고 합류하셨나요?

졸업 후에는 과학기술과 사회에 관한 정책 연구를 어떻게 더 많은 사람에게 이야기할 수 있을지를 고민했었습니다. 논문이라는 형식은 중요한 정보를 효과적으로 전달하는 한편 한계도 뚜렷하다고 봤어요. 훌륭한 콘텐츠를 우리끼리만 공유하기에는 아쉽다고 생각하면서 지금은 《한겨레》 '미래&과학'으로 이름이 바뀐 '사이언스온' 세션에 동료들과 팀을 이뤄 각자의 연구를 연재했습니다. 그 가운데 2017년 《에피》의 편집위원으로 초대를 받았습니다. 과학문화에 관심을 갖게 된 것은 이때부터입니다.

《에피》가 창간될 당시 잘 알려진 과학잡지는 《과학동아》, 《스켑틱》 정도였어요. '과학비평잡지'라는 모토 아래 무엇을 말할 수 있을지를 논의하면서, 편집위원들은 질문의 방향을 바꾸기로 했습니다. 이전까지 과학 콘텐츠를 소비하는 과학문화의 주류가 '블랙홀은 어떻게 만들어질까?', '공룡은 왜 멸종했을까?'와 같이 과학자가 답을 줄 수 있는 질문을 던지는 쪽이었다면《에피》는 과학 활동을 누가 어떻게 하는지를 묻습니다. 이런 비평의 관점은 '블랙홀에 대한 거대한 자금과 인력이 필요한 연구는 어떻게 이뤄지나?', '고고학 연구가 이뤄지는 필드 과학의 특징은 무엇인가?' 쪽으로 질문의 방향을 옮깁니다. 저는 이런 이야기들이 과학기술을 순수한 지식으로만 생각한 사람이나 과학기술에 아예 관심이 없던 사람을 다시 생각하게끔 하는 계기가 된다고 생각해요. 편집위원 중 과학기술학 전문가가 여러 명이었기 때문에 잡지의 성격 또한 이 분야의 학술적 질문에 많은 영향을 받았습니다.

다른 잡지와의 차별점을 '질문의 방향을 바꾼다'로 꼭 집어 얘기해 주시니《에피》에 실린 글의 차이도 더 와닿는 듯합니다. 인터뷰를 직접 진행하기도 하셨죠?

　　네. 특히 제가 연구자로서 훈련한 '좋은 질문 하는 법'이 실전 인터뷰에 유용하게 쓰이기도 했는데요. 이와 관련해 3호 '지진'에 실린 우주인 이소연 박사님과의 인터뷰 때 일을 소개해 드리고 싶어요. 당시 저는 인터뷰를 준비하며 박사님이 참여한 기존 인터뷰들이 우주에서의 몸 경험이나 우주인이 우주에서 실제 하는 일을 생각보다 많이 다루지 않았다는 것을 알게 되었습니다. 인터뷰 현장에서 들은 여성 우주인의 생리에 관한 답변이 흥미로웠는데, 박사님께서 처음에는 이 내용을 싣고 싶지 않아 하셨습니다. 여성 우주인들의 몸 경험이 능력의 미달로 여겨져 부당한 비난을 자주 받아 왔기에, 여성적 신체 문제를 드러내는 것은 좋지 않겠다는 의견이었죠. 바로 그 이유로 이 질답이 소개되어야 한다고 생각한 저는 의미를 더 보완해 박사님을 설득했습니다. 이 인터뷰는 당시 JTBC 뉴스룸에도 소개되었는데요. 주목을 많이 받은 만큼 비난과 악성 댓글에 고생하기도 했지만, 인터뷰를 기획하고 진행한 사람으로서는 여성 우주인의 몸 경험을 드러낸 이 지점이 가장 뿌듯한 기억으로 남아 있습니다.

기획할 때 한번 더 신경 쓰는 부분이라면요?

　　필자군을 다양하게 구성하려 합니다. 과학 현장에 있는 과학자를 많이 섭외하고, SF 작가나 만화가에게 작품을 청탁할뿐 아니라 과학기술이 논의되는 현장의 활동가, 과학기술을 사용하는 당사자에게도 글을 부탁드리고 있어요. 물론 과학학 분야 연구자의 시선도 담으려고 하고요. 비교적 많은 관심을 받은 16호 '장애와 테크놀로지'에서는 편집위원인 김초엽 작가의 노력으로 비마이너와 협업 지면을 꾸려 기술 소비자이자 기술 적용 대상으로서 장애 당사자의 이야기를 넣을 수 있었습니다. 9호 '젠더 스펙트럼'에서도 과학자들의 이야기 속에 트랜스젠더 활동가의 이야기를 담았는데, 이로써 '성이 성염색체로 단순히 결정되지 않는다'는 설명뿐 아니라 성 정체성을 유지하는 데에 과학기술이 어떻게 개입하는지를 당사자의 목소리로 소개하려 했습니다. 여성과학자도 주된 관심사입니다. 15호 '과학커뮤니케이션'에서는 여성과학자 5인과 코로나 시대 과학자의 삶을 주제로 대담했는데, 과학자의 기본값이 남성이 아니라는 전제에서 대화를 시작한 것이 특징이었습니다.

원고를 청탁할 때는 일인칭 관점을 많이 넣어달라고 요청합니다. 3인칭 서술이 익숙한 과학자에게도 연구 과정에서 한 것, 본 것, 생각한 것을 포함해 달라고 말씀드리죠. 이렇게 과학이 '과학하는 사람들의 이야기'로 바뀌면 나와는 관계없는 먼 우주의 이야기가 아니라 우리 삶의 다른 영역의 일처럼 이해할 수 있게 되고, 다른 사회 활동과 비교할 수 있게 됩니다.

필자군이 다양한 만큼 편집위원 구성에도 젠더, 세대의 다양성을 갖추려고 합니다. 여성 위원, 젊은 세대 위원을 꾸준히 섭외하고, '여성 필자를 섭외하려고 노력했는가'를 하나의 점검 기준으로 공유하고 있어요.

이런 과학문화 활동은 과학기술학 연구자라는 선생님의 정체성과 어떻게 연결될까요? 언뜻 보기에 선생님의 주요 연구 주제인 환경보건 정책은 전문가를 대상으로 하고, 과학문화는 대중과의 교류가 중요하다고 구분지어 이해하게 되는데요.

사실 저는 두 영역에서의 활동이 크게 다르다고 생각하지 않아요. 제가 두 영역에 똑같이 품고 있는 문제의식은 현재의 과학 이야기가 형식의 다양성을 강조하는 한편 다른 내용, 다른 질문을 품지 않는다는 데 있기 때문입니다.

과학문화 주관 부처인 과학창의재단에서 2019년부터 매년 진행하는 과학문화 전문 인력 양성 사업을 보면 지원자들을 글, 그림, 강연, 공연 등 표현 형식에 따라 선발하고 있어요. 학술 연구에서 과학 지식 주변의 과학 이야기가 중요하다고 믿듯 현재의 과학 콘텐츠도 '어떤 과학 콘텐츠가 중요한가'를 얘기할 필요가 있지 않나 합니다. 바람직한 콘텐츠를 정하고 통제하자는 것은 아니지만 요즘 과학 콘텐츠들에서 주로 관찰되는 이야기는 무엇인지, 추가적으로 고려할 사항은 없는지를 점검해야 하지 않을까요.

형식보다 내용이 중요하다는 말씀을 들으니 《에피》가 지향하는 과학비평의 취지가 더 이해됩니다. 현재 몸담고 있는 전시 분야에서는 어떤가요?

　　미술관과 과학관이라는 두 공간을 비교해 말씀드리고 싶어요. 사람들은 미술관, 특히 기술과 예술을 접목한 전시를 진행하는 미술관을 철학적인 질문을 던지는 장소로 여기죠. '인간은 무엇이며 어디로 가는가?', '우리 사회는 왜 이런 모습인가?' 예술가의 작업이란 이런 질문에 나름의 답을 내놓는 것이겠고요.

　　한 미술관에서 '다른 미래를 위한 디자인(Designs for Different Futures)'이라는 이름으로 미래 디자인 콘셉트와 최첨단 오브젝트들을 가져다 둔 전시를 본 적이 있어요. 미래의 존재들로 SF 작가 가즈오 이시구로의 작품에 등장하는 로봇이 소개되는가 하면 미래 음식으로는 식물성 단백질이 소개되고, 북극 스발바르 제도에 있는 씨앗저장고 등을 한자리에 모아 둔 전시였습니다. 이런 전시품들은 관람객에게 미래에 관한 지식을 일방적으로 전달하기보다 관람객 각각이 오브젝트를 통해 미래의 인간 사회를 총체적으로 재구상할 수 있도록 기획되는데요.

저는 과학관도 비슷한 역할을 할 수 있다고 생각합니다. 코로나 바이러스를 주제로 하는 과학전시라면 바이러스의 발견과 전염병 대응 기술에 초점을 둔 다소 납작한 전시가 아니라 우리가 함께 경험한 이 전염병이 사람들의 일상과 관계, 미래 전망을 어떻게 일시적으로, 또 영원히 바뀌게 되었는지 관람객에게 거꾸로 묻는 것이죠. 관람객은 자신의 경험과 생각으로 전시의 빈틈을 메꿔 나가며 더 역동적인 상호작용을 하게 됩니다. 《에피》에서의 경험처럼 다른 질문을 던지는 과학전시가 얼마든지 가능하다고 생각해요.

좋은 연구에 필요한 좋은 질문의 중요성이 실무에서 다시 한

번 강조되네요. 과학의 다른 장면을 고민하는 연구자이기에 이런 문화 활동이 가능하다는 생각이 듭니다. 선생님이 앞으로 만들 전시도 무척 기대됩니다.

다행인 일은 《에피》를 처음 시작한 때와 비교해 지금 우리 사회의 과학 콘텐츠가 확실히 더 다양해지고 있다는 점입니다. 번역서의 종류도 한층 폭넓어졌고 직접 글을 쓰는 작가도 늘어났어요. 이런 분위기가 지속되면 과학 콘텐츠의 내용이나 편향성을 펼쳐 놓고 이야기할 수 있지 않을까요. '지식'과 '체험'에 국한하지 않고 예상하지 못한 질문을 맞닥뜨리는 기회를 만드는 일. 이것이 제가 이제껏 해온 활동의 확장이면서 앞으로 제가 우리 사회에 할 수 있는 역할이라고 생각합니다.

"고갈되지 않는
질문이 있어야
끝까지 할 수 있습니다."

**미학 연구자
남수빈 인터뷰**

남수빈은 출판사 읻다의 편집자이자 디자이너이면서 독일 근대 미학과 인식론을 공부하는 연구자다. 그는 1년에 두 번 출간되는 서평지 《교차》를 1호부터 편집해 왔다. 《교차》에 실린 서평들을 읽으면서 나는 「사유의 무수한 교차점이 머무는 곳」(《출판문화》)에 그가 쓴 대로 "출발점이었던 한 권의 책을 넘어 더 멀리 확장"되는 사유를 더듬어 볼 수 있었다. 가장 최근에 출간된 3호 '전기, 삶에서 글로'에는 총 16편의 서평이 실렸고, 분량만 400쪽이 넘는다. 《한편》과 다른 형식과 내용의 이 서평지를 만드는 과정에서는 무슨 일이 일어날까?

편집자이자 《교차》를 재미있게 본 독자로서 나는 그가 어떤 기준으로 편집하고 무엇을 염두에 두면서 디자인하는지 궁금했다. 2022년 12월 《교차》와 《한편》을 나란히 놓고 인문학의 미래를 이야기하는 종이잡지클럽 행사에서 남수빈과 대담을 했다. "인문학의 가장 밑바탕에는 언어 사랑이 있다."라는 《한편》 1호 '세대' 발간사를 인용하며 언어에 대한 아름다운 에세이 『에코랄리아스』를 추천해 준 것이 기억에 남는다. 또 하나 인상 깊었던 것은 '일은 일이다'라는 단호한 태도다. 나는 언제나처럼 보람과 고통, 재미와 분노를 오가며 일하고 있었기 때문에, 평정심을 찾는 데 도움을 얻기 위해 일에 대한 그의 태도에 관해 더 자세히 들어 보고 싶었다.

2023년 새해의 첫 화요일, '편집자를 위한 철학 독서회' 모임을 위해 3~4주에 한 번씩 정기적으로 방문해서 이제는 길을 잃지 않고 찾을 수 있게 된 읻다 사무실에서 남수빈을 만났다. 인터뷰를 하러 가는 길에는 공부와 일을 병행하는 연구자로서 언어로 탐구하는 것이 무엇인지 묻고 싶었고, 미술대학에서 공부하던 때의 작업물을 볼 수 있다면 좋겠다는 기대도 품었다. 자리에 앉자마자 나는 '편집자님' 대신 그냥 이름을 불러도 괜찮겠냐고 물었다. 출판 영역 밖에서 그가 하고 있는 일들에 대해 알게 된 뒤로 어쩐지 하나의 직업만으로 부르고 싶지 않다는 생각이 들었기 때문이다.

인터뷰 김세영

생산을 계속해 나갈
동력은 무엇인가요?

"창작과 연구의 공통점은
자기 안에 주제를 갖고 있어야
계속할 수 있다는 거예요.
고갈되지 않는 질문이 있어야
끝까지 할 수 있어요."

'편집자님' 대신 '수빈 씨'라고 불러 볼게요. 석사논문을 준비하느라 바쁘게 지내신다 들었어요. 내용을 간단하게 소개해 주신다면요?

지각 경험의 비개념성에 관한 현대 인식론과 심리철학의 주제인 '비개념주의'를 칸트 인식론 그리고 미학과 연결하는 연구예요. 비개념주의는 우리의 마음속에 개념으로 포착되지 않는, 개념과는 본질적으로 다른 심적 내용이 있다는 주장이에요.

예를 들어 우리가 아는 것이 단지 '빨간색'이라는 개념뿐이더라도 빨간색 안에서 이름붙일 수 없는 수십 수백 가지의 색조를 미세하게 구분할 수 있잖아요. 이처럼 지각 경험은 개념적 사고보다 훨씬 더 풍부하다는 건데요. 칸트는 아름다움에 대한 판단, 즉 '취미판단'이 개념에 근거를 두지도, 개념 산출을 목표로 하지도 않는다고 봅니다. 그렇기 때문에 취미판단에서는 마음의 능력들이 지성적 규정에 매이지 않은 채 자유롭게 유희할 수 있다고 말해요. 이 판단은 개념의 강제를 받지 않기 때문에 우리에게 유일하게 자유로운 만족을 주는 판단이라고도 하고요.

비개념주의가 등장한 1990년대부터 이것을 칸트의 인식론 저작인 『순수이성비판』에 적용한 사람은 여럿 있었지만, 미학에 관한 저작인 『판단력비판』에 적용한 사람은 거의 없는데요. 비개념주의에서 말하는 지각 경험의 풍부성과 칸트가 말하는 취미판단을 연결할 수 있지 않을까라는 생각이 들어서 연구를 시작했어요. 칸트에게 비개념적 내용이라고 하면 시간과 공간에 관한 경험인데, 저는 우리가 아름다운 것을 마주할 때 느끼는 영원성을 설명해 보려고 시도하고 있습니다. 지성으로 규정할 수는 없지만 분명히 느껴지는 영원성의 감각을요.

개념적으로 말할 수는 없지만 분명 느끼고 있는 아름다움에 대한 느낌. 저는 성당이나 절에 들어갔을 때 고양되는 혹은 정화된 것 같은 느낌을 떠올렸어요. 그런 연구 질문은 언제부터 품게 되셨나요?

미적 경험에 대해서는 고등학교 때부터 생각해 온 것 같아요. 그걸 구체적으로 언어화할 수 있게 된 건 대학에 가서 이런저런 것들을 읽으면서부터였고요. 누구든 다른 사람보다 좀 더 예민하게 느끼는 것들이 있을 텐데, 저의 경우에는 남들보다 더 예민한 촉수가 아름다움을 느끼는 데에 있었어요. 말로 할 수 없는 경험이지만 어떤 식으로든 이것에 대해 알고 싶고 해명하고 싶다는 생각이 커져 갔어요.

저에게 미적 경험은 자아와 세계, 주체와 대상 사이의 분리가 사라지는 경험이에요. 종교적 경험도 그렇고요. 스무 살쯤에 카뮈의 『시지프 신화』를 읽었는데, 거기에서는 내가 세계에 대해 어떤 것도 알 수 없고 확신할 수 없는 상황, 인간의 물음에 세계가 응답하지 않는 상황을 문제로 설정하고 있거든요. 그런데 인간과 세계 사이의 그 거대한 벽이 사라지는 특별한 순간이 있고, 그게 바로 미적 경험이라고 생각했어요.

스무 살에 읽은 『시지프 신화』라니, 어린 시절 이야기를 더 듣고 싶어요. 중고등학교, 대학교에서 나의 공부에 영향을 준 책이나 저자가 있나요?

중고등학생 때에는 시내버스로 10여 분 거리에 있는 공공도서관 두 곳을 자주 다녔어요. 제도권 중등교육을 이탈 없이 마쳤지만 그 제도를 납득하거나 편하게 느낀 적은 없어서 학교에서 했던 것을 공부라고 부르고 싶지는 않고, 책장 두어 개가 전부인 700번대 서가를 돌아다니던 일이 공부의 시작이었습니다. 그 외에는 포털 사이트 메인에 접속하면 보이는 각종 읽을거리 중에서 현대예술과 관련된 글을 찾아 읽곤 했어요.

학부생 때 접한 책 중 영향받은 책으로는 노자의 『도덕경』과 버지니아 울프의 『등대로』를 꼽고 싶어요. 『도덕경』은 종교학에 대한 관심에서 여러 종교의 경전들을 찾아 읽던 시기에 접했는데요. 즐겨 외운 건 4장입니다. "도는 그릇처럼 비어, 그 쓰임에 차고 넘치는 일이 없다. 심연처럼 깊어, 온갖 것의 근원이다. 날카로운 것을 무디게 하고, 얽힌 것을 풀어 주고, 빛을 부드럽게 하고, 티끌과 하나 된다. 깊고 고요하여, 뭔가 존재하는 것 같다."(오강남 번역)

저는 이 구절이 울프가 그리려던 것을 그대로 설명하는 말이라고 느꼈어요. 『등대로』가 시적 언어로 더듬는 지속과 영원성의 경험은 결국 아름다움 자체에 대한 경험이라고 생각해요. 세상의 시간 밖에서 어두운 쐐기로 응집되었다가 빛과 침묵 속에서 경계를 잃고 티끌과 하나 되는, 그런 존재의 순간들이요. 종교학에 대한 관심은 이처럼 미적 경험이 종교적 경험과 맞닿아 있다는 느낌에서 생긴 것이었고, 종교적 경험을 해명한다면 미적 경험의 본성에 어느 정도 닿을 수 있으리라 여겼습니다.

『도덕경』을 외우시다니요! 저는 오래전에 읽은 『등대로』를 등

불인지 달빛인지 등대의 불빛인지, 여하간 희미한 빛 아래 움직이는 이미지로 기억하고 있어요. 아름다움의 경험이라는 단어와 함께 다시 한번 읽어 보고 싶어지네요. 학부는 미술대학을 나왔는데, 그때 했던 작업은 어떤 것들이었나요?

이 역시 항상 말로 하기는 힘들어서, 옛날에 만들어 놓고 더 이상 업데이트하지 않는 웹사이트를 보여 드릴게요. 졸업 후에 작업한 영상인데, 금가루를 얼음이랑 같이 얼려서 그게 녹는 모습을 성운 이미지처럼 찍은 거예요. 천문학에서 '우주배경복사'라는 빛을 관측하면서 우주 탄생을 추적한다는 이야기를 들었어요. 그리고 지구의 생명체가 혜성의 얼음에서 기원한 것일 수 있다는 이야기가 있고요. 그 태초의 빛을 화자로 삼은 텍스트를 써서 영상과 함께 배치했어요.

와아, 녹는 얼음이라는 설명을 듣기 전까지 우주 사진이라고 생각했어요.

얼음이 약간 하얗게 얼잖아요. 공기 방울이 들어가서 그런 건데, 사진 속 반짝이는 것들이 공기 방울이에요. 조명을 비추면 그것들이 별처럼 빛나요. 흩날리는 먼지의 이미지는 옛날부터 다루던 것인데, 그걸 어떻게 달리 써 볼까 고민하다가 작은 어항에 얼음을 넣고 영상을 찍어 봤죠.

"나는 물의 기원에 대해 생각하며, 우주를 떠돌던 오랜 빛이 물과 만나 얼음이 되어 지구에 도달하기까지의 여정을 좇으려 했다. …… 얼음 속에 갇혀 있던 금색 입자들은 서서히 풀려나와 수중에서 느리게 춤춘다. 그 춤이 그려 내는 천체의 이미지는 내게 지상의 모든 빛, 내 기억 속 모든 빛의 근원지를 생각하게 한다."

앞서 말씀해 주신 영원성의 느낌을 표현하고 있다는 점에서 지금 연구 주제와 닿아 있다는 생각도 드는데요. 제가 너무 이전 작업과 지금 연구를 연결하려는 욕망을 보이고 있죠?

저도 언젠가는 연결을 하고 싶은데…… 지금으로서는 텍스트들의 분과가 떨어져 있다는 생각이 드네요. 철학자 아도르노의 말을 빌리자면 예술은 자연을 재현하는 것이 아니라 '자연미'를 재현하는 것인데요. 제가 자연미에서 경험한 영원성의 느낌을 예전에는 예술로 재현하려 했다면, 지금은 철학의 언어로 해명하려 하는 것이기는 해요.

학부 시절 주로 보던 것은 동시대예술을 공부하기

위한 20세기 이후의 이론이었어요. 창작자로서는 태고, 기원 같은 테마에 관심을 둔 채 기원전의 경전들을 뒤적였고요. 두 시간대 사이의 '애매하게 오래된 것'인 근대철학은 그저 '포스트모더니즘이 비판하는 구시대적인 무언가' 정도로만 여겼고요. 그러다가 졸업 후 혼자 공부를 이어 가던 시기에 『순수이성비판』이 불러온 이성의 위기라거나 근대철학이 다다른 주체와 대상, 자연과 자유 사이의 건널 수 없는 심연에 다리를 놓고자 기획된 책이 『판단력비판』이라는 이야기를 접했습니다. 제가 찾던 것이 여기에 있었음을 알게 되었어요.

미대 동료들과의 모임에서 함께 읽던 선집 『모더니즘 이후, 미술의 화두』에 실린 장프랑수아 리오타르의 「포스트모더니즘이란 무엇인가라는 질문에 답하여」가 지금의 연구와 연결될 수 있겠어요. 이 글은 하버마스에 반대해 아방가르드 이후의 예술을 옹호하고, 그 근거로 칸트의 숭고론을 가져옵니다. 칸트는 물론 현대철학의 지형도 파악하지 못한 상태에서 접한 글이었는데요. 그래도 그가 옹호하려는 예술이 어떤 것인지는 어느 정도 알고 있었기 때문에 무슨 말을 하고 싶은지 느낄 수는 있었어요.

자리를 파하고 돌아온 뒤 이 글에 무언가 더 숨어 있다는 이상한 느낌에 사로잡혀 책을 다시 펼쳤어요. 어렴풋한 느낌이 재독 속에서 점차 선명해졌고, 누구의 도움도 받지 않은 채 글줄 사이를 온전히 홀로 헤맬 때만 얻는 기쁨이 있음을 알게 되었어요. 근대철학의 산물로 현대의 사유와 예술을 설명할 수도 있다는 것을 처음 알려 준 글이기도 합니다.

책이나 논문뿐 아니라 예술 작품들도 많이 보시겠죠. 어떤 통로로 접하는지, 또 즐겨 보는 콘텐츠가 있는지도 궁금해요.

콘텐츠라는 말이 보고 듣는 것들을 널리 포괄한다면, 제가 주로 접하는 콘텐츠는 여전히 동시대예술이에요. 대학원 입학 이후로는 작은 공간들에서 하는 전시까지는 찾지 못하고 있어서, 최근 늘어난 인스타그램의 전시 후기 계정이나 주변 사람들이 올리는 전시 사진 등을 통해 간접적으로 관람하고 있어요. 공연예술은 간접 관람에 한계가 있어서 현대음악 연주 단체인 TIMF 앙상블의 연주회나 동시대 공연예술을 소개하는 옵/신 (OB/SCENE) 페스티벌 등은 재정이 허락하는 한 찾아다닙니다.

기나긴 가사노동 시간에는 팟캐스트를 자주 들어요. 정치학자 유혜영 교수가 현대 정치·경제 분야의 최신 연구를 소개하는 '아메리카노', 긴 칼럼을 읽어 주는 《가디언》의 'The Audio Long Read'와 《뉴욕타임스》의 'The Daily', 동시대음악을 소개하는 'Relevant Tones', 현대미술 소식을 전하는 'The Week in Art'와 이플럭스 팟캐스트 등. 영어 팟캐스트를 들으면 영어 논문을 읽는 일에 도움이 되어서요. 그 외에는 트위터에서 국내외 언론과 현대예술 관련 국내외 기관과 매체를 팔로우 합니다. 지금은 연구자로서 기초를 닦으며 연구사를 막 파악하는 단계라, 전공 관련 국내외 문헌을 적극적으로 쫓아가지는 못하고 필요한 것을 그때그때 조사하는 정도예요.

지금은 어떻게 공부하고 있나요? 혼자 공부하다가 무엇이든 방법을 의식했던 순간이 기억나시나요?

대학 이후의 공부에서는 수용한 지식을 자신의 언어로 구성하여 짜임새를 갖춘 글로 조직해 낼 수 있는가가 관건이기 때문에, 읽은 것을 요약 정리하는 일이 중요했어요. 평소 이미지로 사고하고 기억하는 편이라,

도식을 그려 보고 구조를 이해할 때도 많아서 도식화도 많이 사용하고요. 난해한 철학 원전을 많이 접하게 된 이후부터는 낯선 개념들을 우선 숙지하려 하는데요. 맥락에서 떨어진 정의 설명만으로는 완전히 이해하기 어렵기 때문에 전체적인 문맥 속에 두고 여러 번 읽으면서 의미를 파악합니다. 누구나 할 법한 뻔한 이야기겠지만 그 이상 특별한 방법을 갖고 있지는 않아요.

연구 외에 하고 계신 일에 대해서도 들려주시면 좋겠어요.

생업으로는 출판 편집과 북디자인을 주로 하고 있어요. 가끔 일러스트레이션이나 영상 제작 일을 맡기도 하고요. 고정적으로 하는 일이 반년간 학술 서평지《교차》편집이에요. 매 호 기획위원 네 명과 함께 네 번 정도의 기획회의에 참여하고, 10여 편의 원고를 검토하고, 10여 명의 필자와 논의해 원고를 수정하고 모두 취합해 교정·교열을 진행합니다. 교정가, 사진가, 디자이너 같은 외주 협업자에게 작업을 의뢰하고 수합해 인쇄용 '진짜 최종 파일'을 만들고, 보도자료를 작성하는 일입니다. 한 권의 잡지를 엮어 내는, 업계에서 책임편집이라고 부르는 일이에요.

반년간 네 번의 기획회의, 10여 편의 원고와 10여 명의 필자. 그 사이사이의 것들을 생각하게 되네요. 연구와 일을 병행하면서 힘든 점도 분명 있을 것 같아요.

경제적 문제와 창작의 관계는 저만이 아니라 모든 창작자의 난제라, 작가들의 직업이 뭐였는지 관심 있게 보는 편이에요. 프랑스 사상가 바타유나 아르헨티나 소설가 보르헤스는 도서관장이었죠. 카프카는 보험 회사 직원, 찰스 부코스키는 우체국 직원, 바바라 크루거는 잡지사 그래픽 디자이너, 필립 글래스는 택시 기사와 배관공…….

직업은 사회와의 관계를 어떻게 설정할 것인가, 자아의 요청과 사회경제적 요구의 일치를 추구할 것인가, 아니면 서로 독립적인 영역으로 둘 것인가의 문제이기도 하니까요. 가장 이상적인 건 일과 창작이 선순환하면서 서로 주고받는 것일 테지만, 최소한 믿지 않는 일은 하지 않으면서 생활을 유지할 수 있는 방법이 뭘까 고민하다가 출판사로 오게 되었어요.

믿지 않는다는 일이란 어떤 의미인가요?

미대 재학생이나 졸업생이라면 대부분 사교육 업

계에서 일을 하게 되거든요. 학생의 유학 포트폴리오를 대신 만들어 주거나 학벌주의를 주입하는 일은 하고 싶지 않아서 다른 것을 찾아다녔어요.

인문사회 계열 대학원은 이공계 대학원처럼 진학을 하면 생계가 해결되는 시스템이 아니고, 10여 년을 쏟아부어 박사학위까지 마친다고 해도 가질 수 있는 직업은 저임금 비전임교원 정도죠. 자신이든 가족이든 누군가를 부양할 필요가 없는 사람들이 대학원에 오게 돼요. 이런 환경에서는 인문사회 연구자들이 자연히 특정 계급에 편중될 수밖에 없죠. 물론 이건 본업과 작업을 병행하는 모든 분야 창작자들이 가진 고충이기도 하니, 자리만 바꿔서 똑같은 일을 계속 겪고 있는 셈이에요. 아직 작업을 지속하는 학부 동료들은 모두 생계 문제, 최소한 주거 문제가 없던 사람들이라는 생각도 해요.

생업을 병행하는 동료를 찾기는 쉽지 않고, 휴일에 밤을 새워 일하고 지하철에서 졸면서 수업 발표문을 쓰거나 수업 중 업무 연락을 받는 일이 계속되는 상황입니다. 이런 생활을 장기적으로 어떻게 지속할 수 있을지 늘 고민입니다. 작가는 직업이 아닌 삶의 방식이라는 명제는 연구자에게도 똑같이 적용되겠지만, 균형을 현실화하는 일은 항상 불가능하게 느껴져요.

수업 중, 이동 중 상황을 통해 고충을 이해하게 되었달까요. 그래도 학술 서평지를 편집하는 일과 공부하는 일이 서로 관련되어 있지 않을까 짐작되는데요. 공부하면서 얻게 된 방법들이 실무에 적용되기도 하는지 궁금해요.

공부가 수용, 연구가 생산이라면 제가 편집으로든 디자인으로든 하는 일은 필자가 생산한 텍스트의 수용 과정을 최적화하는 일이라고 생각해요.

사실 디자인에 대해서는 공부의 적용이라 할 요소가 거의 없을 텐데요. 북디자인이라고 하면 보통은 표지를 생각하겠지만 디자이너들은 본문을 떠올릴 거예요. 본문 디자인이야말로 읽기의 속도, 흐름, 호흡을 조절하고 통제하면서 정보의 위계를 가시화하고 텍스트의 전달 과정을 조직 또는 조작하는 일이에요. 보통 사람들이 이를 의식하지 않는 이유는 대부분의 단행본 디자인이 독자의 습관을 따르기 때문이겠죠. 디자인이 습관을 만들고, 이 습관을 다시 디자인이 따르면서 관습의 연쇄가 만들어지고요. 이 관습의 '쾌적함'에 균열을 내는 데에서 진보가 발생하겠지만요. 저는 그에 대한 비평적 시각을 갖춘 디자인 전공자를 대상으로 일하는 것이 아니라 평균 이상으로 보수적인 성향을 가진 클라이언트의 의뢰를 받아 일하는 입장이기 때문에 클라이언트가 생각하는 쾌적함의 상 안에서, 관습을 거스르지 않는 결과물을 납품하고 있습니다.

평소 내지 디자인에 크게 신경 쓰지 않더라도 여백이나 자간이 조금만 달라지면 이질감이 크게 다가와요. 저 역시 내용만을 생각하는 편집자이다가, 책의 모양과 종이의 질감과 글자의 배치를 생각하는 디자이너들과 작업하면서 디자인에 대해 조금씩 배워 나가고 있어요. 《교차》 편집자 일은 어떠세요?

　　《교차》 편집의 주안점은 이 잡지가 철학 서평지, 과학학 서평지가 아니라 여러 학문 분과의 최신 연구를 다루는 서평을 한자리에 모으는 매체이므로, 각 분과의 전문가가 아닌 폭넓은 독자층을 대상으로 한다는 점이에요. 그래서 저는 각 분과의 두터운 맥락 속에 놓인 전문적인 내용의 원고를 누구든 노력하면 읽을 수 있는 글로 만들어야 하고요. 이를 위해서는 우선 낯설고 어려운 글을 천천히 읽어 나가는 독자의 입장, 즉 공부하는 사람의 입장에 서야 해요.

어떤 텍스트에 어려움을 느끼는 이유가 무엇인가 생각해 보면, 그 근본에는 문장의 기본 구성 단위인 단어의 의미가 내가 알던 것과 다르다는 점, 다시 말해 전문 용어와 개념의 문제가 있어요. 둘째는 그런 용어와 개념들이 이루는 체계가 한번에 이해하기에는 너무나 복잡하고 거대하다는 점이고요. 셋째는 그런 체계에 관해 여러 사람들이 논의해 온 역사가 길어서, 역시나 초장에 그 맥락을 파악하기가 너무 어렵다는 점이에요. 사실 이 세 가지 문제는 모두 정확하고 설득력 있게 쓰인 글에서도 풀기 어렵고, 제가 현실에서 맞닥뜨리는 원고의 상태는 훨씬 엄혹합니다. 편집자로서 제가 하는 일은 지나치게 기술적인 내용은 덜어내고 각주와 부가 설명 등을 덧붙여 이 장벽을 최대한 낮추는 거예요.

텍스트 일반은 소통을 위한 것이죠. 학술 텍스트에서 요구되는 소통의 기본 요건은 객관성, 정확성, 엄밀성이에요. 초교에서 장벽 낮추기가 끝나면 가장 많은 시간을 쏟는 일은 첫째가 윤문, 둘째가 네 개 이상의 다국어로 된 수백 개의 각주와 참고 문헌 정리예요. 윤문은 필자가 자기만 알 수 있도록 쓴 문장을 고쳐서, 개념의 의미를 알고 있는 한국어 사용자라면 누구나 이해할 수 있는 구조를 지닌 정확한 문장으로 바꾸는 일이에요. 참고 문헌 정리는 제가 읽지 못하는 외국어 정보까지도 틀림이 없는지 확인하고 잡다한 사항을 하나의 형식으로 통일해서 이 문헌을 다시 찾아볼 독자를 위해 정확한 정보를 전달하는 일이죠.

윤문과 참고 문헌 정리는 모두 공부하는 사람으로서, 공부한 것을 연구로 생산하는 과정에서 체화해야만 하는 정리정돈의 기술인데요. 저는 이 기술을 일에 쓰는 게 내 생활을 꾸리기 위해 익힌 가사노동 기술로 남의 집을 청소하는 거라고 생각해요.

청소의 비유에 공감되네요. 끝이 없다, 한 것은 잘 안 보이지만 못한 것은 티가 난다……. 지난 북토크 자리에서 '일은 일이다'라고 하신 것이 기억에 남는데요. 공부와 일을 연결 짓지 않으시나요?

서로 주고받는 요소가 있지만, 공부와 일을 연결하는 질문에 사실은 이질감을 느껴요. 그 때문에 인터뷰를 망설이기도 했고요. 저에게 공부는 나의 질문을 해명하기 위한 것이고, 일은 고용주에게 용역과 재화를 제공한 뒤 약속된 대가를 받는 과정이기 때문이에요.

창작이나 순수학문을 하는 사람들이 대부분 그런 것처럼 저도 쓸모 있는 부품이 되는 것, 기존하는 체제를 유지시키는 톱니바퀴가 된다는 데에 이물감이 항상 있어요. 어쨌든 자본주의 사회 안에서 살 수밖에 없는데, 이 제도에 착취당하지 않으면서 어떤 태도로 일할 수 있을까 하는 고민도 있었어요.

조금 강하게 말하자면, 저는 직업을 자아실현의 수단으로 간주하고 사명감이나 소명의식, 헌신을 요구하는 것이 자본주의가 체제 유지를 위해 활용하는 환상이라고 생각해요. 그런 환상에 이용당하지도, 스스로를 속이지도 않고 자율적으로 나를 지킬 수 있는 태도가 뭘까 고민하다가 제가 생각한 건 나의 노동으로 사회에 기여한다는 공동체 의식이었어요.

공항이나 미술관의 화장실은 보이지 않는 누군가의 노동으로 늘 티끌 하나 없이 깨끗하잖아요. 이 쾌적함은 어떤 사람들이 어떻게 만든 것일까 생각할 때가 있어요. 그렇게 자신의 자리에서 맡은 일을 함으로써 내가 속한 공동체의 구성원들에게 책임을 다하는 것이 일에 대해 제가 가질 수 있는 최선의 태도 같아요. 내 노동의 결과물을 그 화장실의 빛나는 타일에 견줄 수 있는가, 그들에게 부끄럽지 않을 수 있는가 자문하고, 그것을 최소한의 직업윤리로 삼으려고 해요. 이 시민적 윤리가 어떠한 소명의식 없이도 성립할 수 있다고요.

저는 지금 수빈 씨와 대화하는 것이 일인데, 재미있거든요. 그러다가도 사람 많은 지하철을 타고 집으로 돌아가는 길에는 나의 노동이 정당한 대가를 받고 있는가 하는 회의도 들겠죠. 나의 일을 화장실의 빛나는 타일만큼의 쾌적함에 견주어 보기. 배우고 싶은 태도예요. 연구자, 작가, 편집자, 디자이너로서의 일에 대한 이야기 끝에 스스로를 한번 정의해 본다면요?

아직 석사과정이지만 논문 형식의 글을 쓰고는 있으니 연구자라고 할 수 있겠어요. 미술가로서 마지막 작업을 한 건 여러 해 전이지만, 연구도 텍스트를 생산하는 일이니 넓은 의미에서 작가라고도 할 수 있겠죠.

창작과 연구가 비슷한 점이 있다면 자기 안에 주제를 갖고 있어야 계속할 수 있다는 거예요. 고갈되지 않는 질문이 있어야 끝까지 할 수 있어요. 이를테면 소설 한 권, 영화 한 편만을 발표하고 성공 여부에 상관없이 창작을 그만둔 사람들은 그 한 편으로 하고 싶은 이야기를 모두 했기 때문에 더 이상 쓰거나 만들지 않는 것 같거든요. 미적 경험에 관한 질문 자체가 평생을 바쳐도 해명하지 못할 커다란 것이기도 하고, 그걸 제가 바라보면서 나아가는 과정 중에도 분과학문의 맥락 안에서 제기할 수 있는 구체적인 문제의식들이 생겨나고 있으니, 계속 해 나갈 수 있겠다는 생각이 들어요.

"연극란 출제범위를
내가 정하고,
구멍을 메우는 과업이에요."

**정치학 연구자
조무원 인터뷰**

조무원은 탐구 시리즈 다섯 번째 권인 『우리를 바꾸는 우리』를 쓴 정치학·정치사상 연구자다. 독립연구자인 조무원과 처음 만난 건 2020년 11월. '학술/철학/동양고전 분야' 투고 메일 주소로 메일 한 통이 도착했다. "간단히 글의 내용을 말씀드리자면 예송논쟁은……"이라고 자신의 연구를 소개하는 메일은 《한편》이 받은 첫 투고였다.

그때 편집부에서는 4호 '동물'을 마감하며 5호 '일'을 이을 6호의 주제를 탐색하던 중이었다. 내가 제안한 후보 '법'에 이 글을 실을 만할지 검토해 달라는 신새벽 편집자의 요청에 따라 나는 결코 간단하지 않은 메일과 첨부된 영어 논문을 오가며 내용을 이해하려 애썼다. 결국 재미있을 것 같으니 한번 만나 보자는 결론만을 내린 채 미팅을 청했고, 그로부터 5개월 뒤에 도착한 예송논쟁 원고는 6호 '권위'의 첫 번째 글 「왕이 죽으면 어떻게 될까?」가 되었다.

저자와 함께 수정에 수정을 거듭하며 나는 이 글에서 이야기하는 국민과 헌법과 도덕의 관계를 이해했다고 생각했는데, 시간이 지나고 다시 펼쳐 보면 마치 처음 읽는 글처럼 생경해지는 마법 같은 일이 일어나기도 했다. 『우리를 바꾸는 우리』를 두고 조무원은 《한편》 글에 대한 긴 주석 같은 책이라고 이야기했는데, 그제야 서울특별시장(葬)이라는 현실 정치에서 출발해 예송논쟁을 거쳐 정치적인 것에 대해 탐구하는 글을 온전히 이해하기 위해서는 훨씬 긴 이야기가 필요했음을 깨달았다.

『우리를 바꾸는 우리』 교정지에 나는 물음표를 잔뜩 써 놓았다. 너무 어렵습니다. 루소의 역설을 쉽게 풀어 써 주실 수 있을까요? 시에예스의 이론을 상술해 주신다면요? 여기에서 자연상태의 현실 사례가 있다면 뭘까요? 그때마다 조무원은 더 쉬운 설명과 더 생생한 현실 사례들을 덧붙인 원고를 보내왔다. 요청하는 대로 뚝딱 나오는 버전 1, 2, 3 이상의 수정 원고들을 읽으면서 사회계약과 정치와 약속에 대한 잘 정리된 도서관을 대면하는 것 같은 기분도 느꼈다. 그렇게 '정치는 아슬아슬한 약속'이라는 이 책의 핵심 개념을 이해하고 나의 삶에도 적용해 볼 수 있었다.

그런 점에서 『우리를 바꾸는 우리』를 편집하는 일은 나에게 배움이었는데, 한편으로 탐구 시리즈를 집필하기 이전 조무원의 공부는 어땠을지 궁금해졌다. 연구자가 질문을 구체화하고 확장하는 일은 어떻게 이루어질까? 2023년 1월 첫 주 금요일 서울 강남 신사동의 한 카페에서 조무원을 만나 공부하는 일에 대해 물어보았다.

인터뷰 김세영

연구는 시험공부와
어떻게 다른가요?

"연구는 시험공부와 달리
출제범위를 내가 정하고
그 범위에서 구멍을 찾아
메우는 과업이에요.
공부하는 과정에서 계속 바뀌는
범위를 잘 의식하는 것이
연구자의 중요한 자질입니다."

인터뷰로 처음 만나는 독자들에게 무슨 일을 하고 있는지 들려주세요.

죽은 사람들이 정치에 관해 쓴 글을 읽고 오늘날의 정치에 대해 공부하고 있습니다. 현재를 이해하려면 현재를 밖에서 들여다볼 필요가 있다고 생각하는데요. 과거, 그것도 현재와 가까운 과거에 등장한 생각들은 보다 먼 과거의 전통과 유산 속에 있으면서도 오늘날의 정치를 이해하는 데에 중요한 자료가 된다는 생각으로 연구하고 있습니다.

예를 들어 17세기 조선 사람들은 17세기라는 시공간에 갇힌 사람들이지만, 과거에 연결되어 있고 오늘날 한국인의 고유한 정치 관념에 여러 방식으로 영향을 끼치겠죠. 제가 연구했던 예송논쟁이 단연코 그러한 사례인데요. 오늘날 부질없고 쓸모없는 논쟁을 예송논쟁이라 하는 우스갯소리가 반복되는 지점에서, 오늘과 모종의 관계를 맺고 있는 과거를 탐구하고자 하는 욕구가 생기는 듯합니다.

특히 관심이 있는 건 국가나 의회, 정당처럼 오늘날 우리의 정치적 삶을 규정하는 제도와 실천들의 역사적 기원이에요. 근대 정치의 근본적인 원리라 할 만한 제도들이 처음 등장할 때 고민했던 사람들의 글을 읽는 것이 재미있고요. 지금 제도를 보면 그 안에 계속 갇혀 있다는 느낌이 들거든요. 대개 사회과학자로서 정치학자들은 정치에 대한 이런저런 데이터를 수집해서 오늘날의 정치에 대해 연구하는데, 죽은 사람들이 쓴 글을 잘 읽지는 않아요. 역사학사들은 죽은 사람들이 쓴 글들을 좋아하지만, 현재와 연결하는 일에 거리를 두고요. 저는 그사이 어디쯤에서 정치사상의 고유한 문제들을 현재와 연결하는 작업들을 합니다.

죽은 사람들의 글을 읽으며 현재를 이해하는 연구자가 된 계기가 궁금해요. 중고등학교, 대학교 시절 나의 공부에 영향을 준 책이나 저자가 있나요?

시작은 언제나 회고적으로 만들어지고 상상되는 것 아닐까요. 그런 상상 조작을 한번 감행해 보자면, 저는 성경을 읽으면서 처음으로 지적 고양을 느꼈던 것 같습니다. 편집부의 만류에도 『우리를 바꾸는 우리』에 성경 이야기를 넣었던 이유는 어쩌면 제 공부의 기원이 거기에 있기 때문인지도 모르겠네요.

어렸을 때 집에 책이 많지는 않았어요. 아빠가 대학생 때 읽었던 책들이 있긴 했는데, 너무 오래되어서 잡으면 바스락거리는 수준이었고 한자도 많았고요. 그 와중에 성경은 집에서 쉽게 접할 수 있으면서도 아우라가 있는 고대의 이야기라는 느낌이었어요. 고전과 경전의 엄숙한 아우라와 함께 모순되고 이해할 수 없는 부분이 있었기에 성경을 읽으면서 역사와 신화, 종교와 과학, 성스러운 것과 세속적인 것에 대한 긴장감을 항상 느꼈던 것 같아요. 초등학교 때 학교에서는 빅뱅이 있다고 배우는데, 성경에서는 끊임없이 신의 인격적인 개입에 대해서 이야기하잖아요.

성경은 예수라는 한 인간을 신으로 이해하는 저작이라고도 할 수 있는데요. 신약 서두에 누가 누구를 낳고 누가 누구를 낳았다는 식으로 예수의 인간적 계보를 정리해 뒀거든요. 특히 중요한 건 이스라엘 민족의 시조라 할 만한 아브라함과 이스라엘 왕국의 창건자 다윗의 계보에 예수가 들어간다는 거예요. 하지만 동정녀 마리아의 아들인 예수에게는 인간 아버지가 없죠. 인간의 족보와 동정녀의 잉태를 통한 신의 탄생. 그 사이를 계속 왔다 갔다 하면서 여러 생각들을 했어요. 지금 보면 정치와 신학의 관계라 할지, 어떤 기원에 대한 공부인 거죠. 서양 사람들은 기독교에 매여 있던 사람들이기 때문에 벗어나려고 하지만 끝내 벗어나지 못하는 점이 있어요. 제가 연구하는 홉스도 그렇고 스피노자도 그렇고요. 그런 근대인들의 노력이 제가 어렸을 때 했던 고민과 맞닿아 있다는 생각이 들어서 혼자 재미있어 했어요.

그렇지만 정치사상을 공부하는 어른이 된 보다 직접적인 시작은 마키아벨리를 읽는 청소년이 되면서부터입니다. 저는 주로 동네 책 대여점에서 책을 빌려 봤는데요. 중고등학교 때 시오노 나나미가 쓴 『로마인 이야기』가 꽤 인기가 있었어요. 그가 쓴 『나의 친구 마키아벨리』를 하룻밤 사이에 읽으며 마키아벨리라는 사람에게 매료되었던 기억이 생생합니다. 몇 년 전 오랜만에 중고등학교 학창 시절 친구들을 만났는데 저를 『군주론』을 들고 다니던 친구로 기억하더라고요. 지금 보면 조금 이상하기도 하지만 예민한 시기에 그 책이 위로가 되었던 것 같습니다. 스스로는 당하기 싫은 짓을 타인에게 스스럼없이 하는 사람들을 목격할 때마다 환멸을 느끼던 청소년에게 그 책은 인간이란 남을 속이는 존재이며 가능하면 먼저 속여야 한다는 이야기를 해 주었거든요.

환멸이라니…… 누구에게 그렇게 느끼신 거예요?

저는 부산에서 태어나서 자랐는데요. 경상도 문화의 일부일 수도 있지만 조금이라도 나이가 많은 사람은 아랫사람들을 막 대하거나 지배하려는 경향이 강했어요. 교실 내에 또래들 사이에서도 지배관계가 있잖아요. 그때 저는 교묘하게 살았던 것 같은데…… 피해자도 가해자도 아닐 수 있었고 그런 걸 관찰하는 사람이었어요. 어릴 때는 작은 일에도 잘 울고 경상도 기준의 남성다움을 지니지 못했는데, 크면서 남성 중심 사회에 적당히 적응한 거죠. 그러면서 왜 강자가 약자를 계속 저렇게 괴롭힐까 하는 관심을 가졌어요.

저는 마키아벨리가 대단한 관찰자라고 생각해요. 폭력을 싫어하면서도 폭력이 어떤 방식으로 사회에서 집행되어야 하는지 예민하게 관찰했던 사람이라는 게 재미있어요. 조금 웃기지만 부당한 일들을 목격하던 어렸을 때는 힘을 통한 질서가 필요하다고 했던 마키아벨리에게 매력을 느낀 것 같아요.

남몰래 『군주론』을 들고 다니던 이상한 청소년은 이제 당당히 『리바이어던』을 들고 다니는 어른이 되었는데요. 마키아벨리에서 홉스로 관심사가 발전하고, 힘이 아니라 약속을 이야기하는 과정이 어렸을 때부터 만들어졌다고도 할 수 있겠네요.

『우리를 바꾸는 우리』에서 제안하는 "아슬아슬한 약속"이란 폭력의 시절부터 정교화된 이론이군요. 서로 죽이지 않으려면 약속해야 하고, 죽이지 않기 위해 약속할 수 있다고 말하는 대목이 떠오르네요. 본문에는 『리바이어던』을 비롯한 책부터 영어 논문, 드라마와 영화까지 등장하는데요. 여러 콘텐츠를 어디에서 접하시나요?

다양한 이름을 갖고 있던 것들이 이제 콘텐츠라

고 불리는 시대가 되었는데요. 그런 의미에서 제가 가장 자주 접하는 콘텐츠는 정치사상 고전과 연구서들입니다. 일상에서 연구를 콘텐츠로 생각하는 데에는 아직 거부감이 있지만, 정치사상 텍스트들이 단지 고전이나 고전을 해석하는 연구서들에만 한정되어 있다고 생각하지는 않아요. 드라마와 영화를 보는 것도 일종의 공부죠. 대개는 특정 주제들을 어떻게 다뤘을까 궁금해서 주제를 예상하고 보는데요. 이를테면 넷플릭스 드라마 「지옥」을 저는 정치신학물로 봤어요. 재미있으니 보는데 보다 보면 연구를 생각하고…… 연구랑 여가랑 구분되지 않는 게 힘든 점이에요. 드라마 본 걸 논문에 쓸 수는 없고요. 그런 걸 탐구 시리즈에 많이 썼죠.

한국어든 영어든 특별히 글을 접하는 정해진 방법은 없는데, 연구를 할 때는 목표가 견인하는 대로 읽게 된다는 게 맞는 표현이겠네요. 연구 질문이 갑자기 떨어지지는 않잖아요. 읽다 보면 생각이 나는 건데, '홉스가 신을 어떻게 생각했을까?' 하는 생각이 문득 들면 여기에서 시작해 자료를 찾는 거예요. 그 시대 신에 대한 담론이나 홉스 연구서들에서 인덱스들을 찾아보는 거죠. 신, 기독교, 그런 것들을 찾아보면서 읽을거리를 한 트럭 발견하는 과정. 읽을 게 뭔지를 찾기 위해서 읽는 과정이라고 할 수도 있고요.

한없이 늘어나는 읽을거리들을 보통 어디에서 구해서 읽으시나요? SNS도 많이 이용하세요?

주로 공부하는 장소는 국립중앙도서관이에요. 연구자들에게 제공하는 연구 공간이 있고 책을 신청하면 어디선가 날아오는 시스템인데요. 완전히 개가식이 아닌 것은 좀 아쉽죠. 저는 원래 밤에 글을 읽고 쓰는 걸 좋아하는데 코로나 이후로는 강제로 출근하듯이 가서 낮에 책을 보고 정리하고 있어요.

트위터도 많이 활용하는데 해외 연구자들이나 저널들을 팔로우해 두고 그들이 올리는 연구들을 따라 읽으면서 논문이나 관련 연구들을 찾는 팁들을 얻습니다. 영어권 연구자들은 자기 연구를 공유하는 데에 열려 있어요. 자기 연구도 올리고, 받은 책도 올리고, 토론도 하고요. 그런 것들을 보다 보면 흥미로운 연구를 찾기도 하고, 이 분야에서 이런 걸 보는구나 알게 되기도 해요. 요즘은 자료를 인터넷에서 구하기가 상대적으로 쉽고, 영문 학술서들은 여전히 너무 비싸고 한꺼번에 구입하기도 어렵기 때문에 대개 국립중앙도서관이나 국회도서관, 모교 서울대 도서관을 이용해서 읽는 경우가 많습니다. 그러다가 정말로 필요한 책들을 구입하는 편이에요.

나만의 공부법을 들어 보고 싶어요. 혼자 공부하다가 뭔가 방법을 의식했던 순간이 기억나나요?

한국 사회가 방법에 중독된 것 같다는 의견에서 시작하고 싶네요. 어떤 구체적인 방법을 쉽게 찾으려는 경향은 오히려 많은 중요한 과정을 누락시키지 않나 생각하거든요. 그런 점에서 가장 좋은 공부법은 자기만의 공부법을 찾는 과정에서 비롯된다고 이야기하겠습니다. 그러니까 알아서 하라는 말은 아니고요. 방법론이란 일종의 메타적인 인지를 갖는 것인데, 공부가 어떤 지식을 습득하는 일이라면 내가 알고 있는 것과 모르는 것을 어떻게 인지하느냐가 공부법에 접근하는 가장 중요한 길 아닐까요.

비유를 하나 들어 보자면 저는 공부가 어떤 지식의 방에 들어가서 그것을 단순히 탐구하는 일이라고 생각하지 않아요. 오히려 공부는 어떤 방에 있는 지식을 가지고 와서 다른 방으로 옮겨 재배치하는 일입니다. 그렇게 하면서 내가 지금 공부하는 부분이 전체에서 어떤 위치에 있는지 계속 의식하려고 하는 편이고요.

공부에서 '전체'라면 어떤 의미인가요?

시험공부에 빗대자면 출제범위죠. 어렸을 때부터 범위 전체를 다 보고 가는 방식으로 공부했던 기억이에요. 시험을 잘 봐야지 하는 마음도 있지만 전체를 파악하는 게 재미있었어요. 내가 알고 있는 것과 모르는 것이 명확한 게 좋고, 안 본 거 없이 들어간다.

그런데 내가 전체를 만들어야 한다는 부담이 주는 색다른 재미를 가지고 하는 게 연구잖아요. 연구에서 전체란 나의 연구 질문 전체라고 할 수 있을 것 같아요. 내가 생각하는 주제는 작은 것도 있고 큰 것도 있겠죠. 구체적으로 논문을 고려하는 것이기도 한데요. 작은 주제라면 논문 하나, 큰 주제는 여러 논문들이 생길 수도 있겠죠.

선생님의 가장 큰 연구 주제가 그럼 무엇인지 궁금해요.

가장 큰 주제라면 정치적인 게 뭘까 하는 거예요.

어떻게 투표하고, 선출된 대표가 뭘 하고 이런 것들보다는 정치의 고유한 의미요. 우리가 정치적 사고를 할 때 그게 어떤 의미인가가 제일 큰 관심사이고, 구체적으로는 국가가 만들어지는 과정에 관심이 있어요. 인민과 헌법의 관계처럼 헌법이 만들어지는 데서 파생되는 이론적인 쟁점들에 대해서요.

전체를 계속 떠올리는 게 말처럼 쉬운 일은 아니지만, 전체를 계속 의식해야 무엇을 옮겼고 무엇을 옮기지 않았는지 알 수 있고, 이러한 재배치를 통해서 시험공부를 넘어서는 곳으로 나아갈 계기도 열릴 수 있다고 개인적인 경험에 비추어 조심스럽게 말할 수 있겠습니다.

《한편》투고 원고 이후로 쉽게 써 달라는 편집부 요청에 따라 여러 번 수정해 주셨잖아요. 10호에 이른 지금 꼽아 봐도 가장 많이 퇴고해 준 필자인데요. 글쓰기에도 출제범위라는 표현을 적용해 보면, 범위를 미세하게 조정하면서 목차를 바꿔 나갔다는 생각이 들어요. 이런 집필의 바탕이 된 대학원에서의 연구는 어떻게 시작하게 되었나요?

물론 대학에 들어오기 전까지 공부법은 시험을 위

한 것이었어요. 대학에 입학했을 때 그런 공부에 조금 지쳐 있었고 시험이 없는 수업들을 찾아 들었죠. 당시 서울대에 '핵심교양'이라는 수업들이 있었는데 학과에서 원로 교수님들이 강의를 맡았고 글쓰기 조교가 있어서 리포트 배점이 컸어요. 그래서 수업 부담이 컸고 학교에서는 의무적으로 몇 학점을 이수하도록 강제하기도 했습니다. 저는 그 수업들이 아주 좋았어요.

대학에서 처음 접한 수업이 외교학과에서 열린 '국제관계의 역사적 이해'라는 핵심교양 수업이었는데요. 노교수님이 강의실에 들어와 칠판에 '폭력'이라고 한자로 쓰고, 뭔가 알 수 없는 말들을 하셨습니다. 박상섭 교수님이었는데요. 지나가는 말로 읽어야 할 책들을 막 알려 주셨는데 강의계획서를 참고하지 않으면 사실 무슨 책인지 알아듣기도 쉽지 않았어요. 시험에서 해방된 느낌이었지만 더 이상 출제범위가 잘 잡히지 않는 공부였죠. 크고 넓은 개가식 중앙도서관은 제가 캠퍼스에서 가장 편안하게 있었던 곳이었는데요. 거의 없는 책이 없었고 수업에서 들었던 책 옆에 있는 책들을 보면서 나만의 출제범위를 새롭게 그릴 수 있었습니다.

그런 즐거움 속에서 점차 시험공부를 할 수 없는

인간이 되어 갔고 자연스럽게 대학원에 진학할 생각을 했습니다. 정치학과에 진학했는데, 사실 국사학과 대학원에 갈까 잠깐 고민도 했어요. 저는 정치사상을 한국이라는 테마 속에서 다루고 싶었거든요. 사회과학에서 한국 정치사상, 특히 전근대 시기에 대한 연구가 상대적으로 덜 제도화되어 있었기 때문에 어떤 선생님들은 석사는 국사학과에 갔다가 박사를 다시 정치학과로 오라고 조언하시는 경우도 있었어요. 이상적으로 역사적인 문헌들을 다루면서도 정치학자의 정체성을 계속 가져가는 방법을 추천받았습니다. 현실적인 얘기도 들었죠. '히스토리언'은 역사학과에 취직하고 '폴리티컬 사이언티스트'는 정치학과에 취업하는 관행이 있었으니까요. 지금 돌이켜 보면 저는 역사보다는 이론적인 질문들에 관심이 더 있었고 한국이라는 테마도 하나의 수단이지 않았나 싶지만요.

대학 시절 도서관의 책장 사이를 천천히 걸으면서 책등의 제목들이 겹쳐지고 확장되는 것을 보는 즐거움을 느꼈던 기억이 저도 나요. 책을 뽑아서 진득하게 읽는 학생은 아니었지만요. 대학원에서는 어떤 수업을 듣고 누구와 교류하셨는지도 들려주세요.

　서울대는 정치학과와 외교학과가 구별되어 있었어요. 그래서 정치사상을 전공하는 교수들이 두 과에 모두 있어야 했고, 정치학에서 정치사상이 소수 전공임에도 상대적으로 많은 교수진이 있었습니다. 저는 정치학과에서 두 과의 사상 수업을 주로 들었어요.

　함께 즐겁게 공부하던 동료들이 있었는데요. 학교를 중간에 관두거나 졸업을 무사히 한 경우, 연구를 계속 이어가거나 그렇지 않은 경우, 유학을 가거나 그렇지 않은 경우가 나뉘면서 즐겁게 함께 공부하던 사람들의 공동체는 없어졌습니다. 그들과 만나면 언제나 공동체의 와해가 화제가 되어 버리지만 더 이상 함께 공부하지는 못하게 되었고요. 그 이후 학교 밖에서 연구를 이어 가면서 저 자신만의 연구 주제를 새롭게 찾아야 하는 상황에서 거의 혼자 공부하게 되었습니다.

　지금도 가끔 정치사상에 대한 문제의식을 공유하는 동료는 석사학위를 마칠 때쯤 만났던 황소희 선생님입니다. 고등학교에서 정치사상을 가르치는데 그때는 연세대 정치외교학과 소속 대학원생이었고 루소를 연구했어요. 전혀 다른 주제를 연구했지만 정치와 법의 관계에 대한 관심이 일치해 친해졌습니다. 홉스를 연구하게 되면서는 황소희 선생님을 통해 배운 루소가 큰 자극이 되었어요.

앞서 말씀해 주신 공부법은 지금 하고 있는 연구에 어떻게 적용될까요?

거창하게 공부법에 대해서 말씀을 드렸는데요. 연구는 시험공부와 달리 출제범위를 내가 정하고 그 범위에서 구멍을 찾아 메우는 과업이에요. 그럼에도 내가 이미 알고 있고 접하고 있는 지식의 전체를 구상할 수 있어야 하고요. 시험공부와 연구가 조금 다른 면이 있다면 공부하는 과정에서 출제범위 자체가 계속 바뀔 수 있다는 점이겠습니다. 그걸 잘 의식하는 것도 연구자의 중요한 자질인 것 같고요.

책이 꽉 찬 방에 들어가서 책이 어디 꽂혀 있는지 보면, 볼 때는 다 알고 있는 것 같은데 나오면 까먹는 경우가 많거든요. 그걸 다 뽑아서 다른 공간에 재배치하면 은연중에 분류를 하게 되잖아요. 그런 과정에서 공부가 이루어지는 것이 아닌가 생각해요.

탐구 시리즈를 쓰기 위해 먼저 쓴 논문이 하나 있

는데, 처음에는 리처드 턱과 마틴 로클린이라는 연구자가 홉스와 시에예스의 대표 관념을 다르게 이야기한다는 생각이 들어서 그 내용에 대한 서평을 쓰려고 했어요. 그런데 계속 보다 보니 자연 개념이 더 중요하다는 생각이 들더라고요. 헌법을 이야기하는 단계에서는 자연상태에 대해서 잘 이야기하지 않는데, 사회계약론 안에서는 대표와 자연 개념이 떼려야 뗄 수 없는 관계거든요. 그럼 이제 루소가 중요한 주인공이 되는 거죠.

이렇게 다른 선반에 있는 책들을 연결시키는 작업인데요. 새로운 나만의 출제범위를 만들면서 다른 사람들이 덜 봤던 구멍을 발견할 수 있지 않을까 하는 느낌이 들었고, 그때부터는 논문을 쓸 수 있겠다는 생각이 들었습니다.

움직이는 출제범위라는 표현이 재미있어요. 읽은 것들을 정리하고 재구성하는 작업이 중요할 텐데, 어디에 기록하고 어떻게 쓰시나요?

보통 읽은 것들을 노트에 손으로 정리하는 편인데요. 의식하지는 않았지만 노트를 살펴보면 처음에는 개별 논문들을 정리하는 페이지들이 있고 뒤로 갈수록 앞에서 정리한 것들을 계속 다른 방식으로 정리해 보는 페이지들이 있습니다. 그러면서 여러 버전의 초고가 생기기도 하고 다른 연구 질문들이 파생되기도 하고요. 앞서 이야기했던 연구 사례는 어떤 점에서 두 노트의 접점에서 이루어진 것이라고 말할 수도 있겠습니다. 논문을 쓸 때 목차를 여러 번 바꿔 써 보는데, 그 과정에서 처음에 제기했던 질문이 수정되기도 하고 더 세련되어 가기도 하면서 출제범위가 확정됩니다. 연구에 일종의 내러티브를 부여하는 시간이기도 하고요.

이런 공부법 아닌 공부법의 단점은 언제나 머릿속에 전체가 있어야 한다는 강박관념이 생기기 때문에 시간이 많이 걸린다는 점이에요. 지금 생각해 보면 어릴 때도 공부하는 데에 시간을 많이 들이는 편이었습니다. 아주 어릴 때 암기능력이 조금 있었던 것 같지만 비상한 아이는 아니었는데, 어쩌면 저에게 필요한 충분한 시간을 스스로에게 부여하는 방법을 누군가 가르쳐 주지 않았기 때문인 것 같기도 해요.

요즘 뉴스에서는 이제 AI가 학생이 무엇을 알고 있고 모르고 있는지 파악해서 학습을 도와준다고 하던데요. 시간은 절약되겠지만 학생들에게 가장 중요한 능력을 빼앗는 것은 아닌가 하는 생각을 잠깐 했습니다. 기억을 더듬어 보면 공부를 하고 있으면 아무도 뭐라고 하지 않는 합법적인 상태가 되어서 그 시간은 즐거웠거든요. 한국 교육에 그나마 장점이 있다면 아무래도 입시 앞에 많은 시간을 학생들에게 주는 것 아닐까 싶습니다. 저는 그걸 제 방식대로 잘 활용한 편이었고요. 물론 지금은 공부 시간이 합법적이라는 느낌이 덜하기 때문에 조금 괴로울 때도 있습니다. 탐구 시리즈를 쓰는 과정은 오랜만에 합법성이 부여된 시간이었고 그래서 괴로우면서도 참으로 즐거운 시간이었습니다.

탐구 시리즈와 《한편》의 글은 평소 쓰는 논문과는 다른 유형의 글이었는데, 쓰는 동안 어떠셨어요? 《한편》에 투고한 이야기도 들려주세요.

《한편》에 투고 메일을 보낸 건 드라마 「킹덤」을 보고 글을 써 보고 싶다는 생각이 든 게 하나의 이유였고요. 또 하나는 글에 쓴 박원순 시장의 장례를 지나가다 보게 되었는데, 공적인 공간에서 조문이 이루어질 때 줄을 서는 것과 서지 않는 것이 다르겠구나 하는 생각이 들었어요. 사료로만 봤지만, 예송논쟁이라는 게 저

장면을 만들지 않으려는 사람과 만들려는 사람들의 싸움이었겠다 하는 생각이요. 석사 논문 주제였던 예송논쟁이 지긋지긋해서 보기 싫으니 마무리하고 싶다는 마음도 있었고요. 실제로 글을 쓰고 나서 후련했어요.

탐구 시리즈까지 낸 건 저에게는 신기한 경험이죠. 『우리를 바꾸는 우리』 7장 '저자가 되는 법'에 쓴 내용이 솔직한 심정이었는데, 백그라운드가 없는 나한테 왜 책을 쓰라고 했지 하는 생각을 책을 쓰는 내내 했어요. 탐구나 한편이라는 플랫폼이 없었다면 이런 방식으로 동시대에 개입하기가 어렵지 않았을까 생각해요. 책을 쓰고 나서는 글의 리듬감을 더 많이 생각하게 되었어요. 내가 필요한 책이 아니면 잘 안 읽으니까 사람들의 흥미를 끄는 일이 필요하겠다는 생각도요.

언급하신 7장은 편집자들도 좋아하는 대목이에요. "신은 신이기 때문에 세계를 만들 수 있다. 그렇다면 저자도 책을 쓰기 위한 자격이 있어야 하는 것은 아닐까? 말하자면 저자 역시 저자이기 때문에 책을 쓸 수 있다는 명제가 성립하는가? 누군가가 창조한 세계의 독자로만 살다가 나에게 그런 기회가 주어졌을 때 다른 저자들이 다 저마다 신처럼 보였다고 한다면

과한 고백일까."(113쪽) 탐구 시리즈를 쓰는 과정이 합법적이었다는 건 어떤 의미인가요?

계약을 했으니 써야 한다는 의미에서의 합법성이에요. 한국 사람들은 공부에 목적이 있다고 생각하는데, 사실은 많은 연구자들이 그렇듯이 재미있고 하고 싶어서 하는 거죠. 내가 공부를 하면 돈이 들어오는 것도 아니고, 사회적 활동으로서의 의미도 약하고요. 그런 생각들이 불쑥불쑥 찾아오는데, 위기가 사람을 망가뜨리기 전에 뭔가를 조금씩 하게 되는 것 같아요. 민음사와 한 작업도 그 일종이었고요. 공부는 일인가 물어보셨는데, 일로 하는 것 같아요. 자기연민이나 자기과시로 빠지지 않으면서, 직장인의 일처럼 나에게 주어진 일이 공부라고 생각합니다. 합법적인 사회 활동을 하고 있다는 의미 부여도 하고요.

"책을 쓰려면
연구자의 관점을
드러내야만 해요."

**미디어 리터러시 연구자
김아미 인터뷰**

김아미는 《한편》 2호 '인플루언서'의 「어린이의 유튜브 경험」이라는 글로 편집부와 처음 만났고, 2022년 12월 미디어 환경 탐구서 『온라인의 우리 아이들』을 출간했다. 서울대에서 불어교육학을 전공하고 언론정보학을 부전공했으며 미국 하버드대에서 교육공학으로 석사학위를, 영국 유니버시티 칼리지 런던 교육학연구대학원에서 미디어 리터러시 교육으로 박사학위를 받았다. 미디어 리터러시 연구와 교육 정책 현장 양쪽을 오가며 확장된 미디어 리터러시 개념을 탐구하고 어린이 청소년의 목소리를 듣는 연구를 이어가고 있다. 현재 서울대 빅데이터혁신 공유대학 연구부장으로 재직 중이다.

저자와 편집자가 함께 초고를 읽어 나가던 자리나 출간 전후 예비 독자를 대상으로 진행한 행사들에서 김아미는 어린이 청소년의 미디어 역량을 믿고 발언 기회를 더 많이 주어야 한다고 강조하곤 했다. 김아미의 단호한 모습을 보며 나는 글만으로는 다 알기 어려운 내밀하고 뜨거운 열망이 그 안에 있지 않을까 짐작했다. 무엇이 그를 현대인, 특히 어린이 청소년이라는 후속 세대를 위한 디지털 미디어 환경 구축에 매진하게 하는 걸까? 미디어 제작자와 사용자, 기술 제반과 법 제도 등의 환경 모두가 중요한 가운데 아직 의미가 흐릿한 '미디어 리터러시'란 대체 무엇일까? 지난 1년간 편집부의 일원으로서만 만나던 그에게 인터뷰를 기회로 궁금한 것을 잔뜩 쏟아내 보기로 했다.

2022년의 마지막 금요일 종로 한복판은 한 해의 일을 마친 사람들로 부산스러웠다. 곧 연말 약속에 나가려는 듯 잘 차려입은 사람들의 두 볼이 가벼운 흥분으로 상기되어 있다. 서로의 근황을 확인하는 높은 목소리 사이에서 인터뷰 준비를 하다 보니 전화가 걸려왔다. 반갑게 인사하는 부드러운 목소리가 들렸다.

인터뷰 맹미선

책을 쓰려면
무엇이 필요한가요?

"책을 쓰면서 그동안 연구한 것을
어떻게 내 관점으로 녹여
잘 드러낼 것인지를 고민했어요.
연구자로서의 목소리를
드러내는 일이 중요합니다."

회의와 행사 준비로 쉴 틈 없이 바쁜 연말입니다. 막 출간한 신간 홍보까지 무척 바쁜 일정을 소화하고 계실 텐데요. 지금 어떤 일을 하고 있는지, 일상생활은 어떻게 보내는지 들려주시겠어요?

지금 소속은 서울대학교 빅데이터 혁신공유대학입니다. '빅데이터와 같은 디지털 신기술과 관련된 교육을 누구든 받을 수 있도록 하겠다'는 취지에서 진행되는 정책 사업으로, 배경 학과와 무관하게 빅데이터라는 분야를 접하고 익힐 수 있는 교육 시스템을 구축하는 것이 목표입니다.

저의 일상이라고 하면 평일의 일과 주말의 일로 나누어 말씀드릴 수 있겠어요. 직장인의 시간인 평일에는 사업단의 연구교수 겸 교육운영부장으로서 빅데이터 관련 교육 과정을 설계하고 운영하는 실무를 합니다. 평일 밤이나 주말에는 지금까지 이어왔던 디지털 미디어 리터러시 연구자로서 생활합니다. 관련 글을 쓰거나 특강을 하기도 하고, 연구 보고서를 작성하거나 공부를 하기도 해요.

『온라인의 우리 아이들』 출간을 준비하며 선생님께서 여러 기관에 속해 계셨다는 것을 알게 되었어요. 어떤 곳들을 거쳐 오셨나요?

2013년 말에 영국에서 박사학위를 마치고 귀국한 직후에는 여느 연구자처럼 저도 교수직을 탐색했습니다. 그런데 전통적인 학과 구분에 제 전공 영역이 잘 들어맞지 않았고, 학부, 석사, 박사 전공이 서로 다른 것이 마이너스로 작용하기도 했어요.

다행히 2017년에 들어간 경기도교육연구원은 학습자 경험을 중심에 둔 연구에 대한 요구가 있었던지라 다양한 영역의 전공을 거쳐온 연구자를 흔쾌히 받아 주었습니다. 이곳에서는 기관 취지에 따라 교육정책 전반을 연구했는데요. 리터러시 교육이 지금만큼 관심을 끌지 않았던 때라 전공 분야의 연구는 1년에 한 편 정도 만 겨우 할 수 있었습니다. 2020년에는 시청자미디어 재단에서 정책연구팀장으로 일했습니다. 방송통신위 원회 산하 기관으로 당시 국정 과제로 미디어 교육을 담당한 기관인데요. 처음 기대와 달리 여기에서도 원하 는 연구를 하기는 어려웠어요.

제가 어딘가에서 '독립연구자'라는 표현을 쓴 적도 있는데, 사실 프리랜서 연구자로 있던 기간은 2021년 여름부터 딱 한 해뿐이었습니다. 연구 프로젝트를 수 주해서 연구비를 받는 데까지는 애를 쓰면 가능한데요. 논문이나 학술서 등 전문 자료에 접근할 권한을 얻거나 세미나, 학술 행사 관련 정보를 접하기 어려운 것이 독 립연구자 생활의 가장 큰 장벽이었습니다. 강의를 부탁 받을 때나 평가위원으로 섭외될 때, 공동연구자를 구할 때 소속부터 물어 오는 일도 무척 많았고요.

여러 기관에서 활발한 활동을 하셨다고 생각했는데, 말씀을 듣고 나니 원하는 연구를 마음껏 할 수 있는 환경을 찾아다닌 여정으로 달리 이해되네요. 짧은 독립연구자 시절에 본격적으 로 집필한 이번 책 작업은 어떤 의미였나요?

수많은 회의에 참석하며 미디어 리터러시와 어린이 청소년의 미디어 문화, 안전한 미디어 환경 구축이라는 저의 연구 주제가 꼭 연구자들만 관심 가지는 내용이 아니라는 느낌을 천천히 쌓아왔어요. 회의 참석자들이 어린이 청소년의 역량을 너무 좁게만 이해하려 한다는 것도 오래 품어온 생각이고요. 이런 와중에 2018년에 중학생 미디어 문화에 관해 쓴 보고서를 대중서로 내보자는 제안을 받았는데, 시간이 부족해 불발되고 말았습니다. 대중서를 쓸 기회가 또 온다면 그간의 깨달음에 더해 이제까지 연구한 내용을 종합해 쓰고 싶다는 생각을 했죠. 이번 책은 그 결실이라 할 수 있겠습니다.

《한편》 이후에 책을 내고 싶다는 제안을 먼저 하셨다는 애기를 듣고 선생님의 행동이 무척 멋지고 용기 있다고 생각했어요. 나만의 연구 분야를 찾아 나간 과정도 궁금한데요. 어렸을 때 접한 콘텐츠들로 이야기의 포문을 열어 볼까요.

나의 공부가 시작된 첫 번째 순간이라. 저의 끝없는 질문에 지친 부모님이 백과사전 전집을 사 주었던 장면이 떠오릅니다. 전집이 생긴 후로는 제가 질문을 던지면 부모님이 당신들의 생각을 먼저 말한 후에 "혹시 다른 의견이 있는지 같이 찾아볼까?"라며 백과사전을 가져와 함께 살펴보았어요. 지금 어린이라면 네이버나 구글 검색 엔진을 켜고 어른과 같이 검색해 보는 경험과 유사하다고 볼 수 있지 않을까요?

그렇게 보면 부모님과 백과사전을 함께 읽은 것이 선생님의 어릴 적 미디어 경험이라 할 수 있겠네요.

맞아요. 이 경험이 강렬한 공부의 기억으로 남은 건 부모님께서 단순히 백과사전을 쥐여 주고 방치한 것이 아니라 책을 두고 함께 이야기하는 과정이 있었기 때문이 아닌가 합니다.

공부하는 재미를 처음 느낀 건 친구들에게 내가 아는 것을 가르쳐 주었던 중학생 때입니다. 옆자리 친구가 이해가 잘 안된다며 물어본 것을 설명해 주고 있다보면 또 다른 친구들이 찾아와 질문을 했는데, 막히는 부분을 다시 찾아보고 알려 주면서 같이 공부하는 재미를 알아 갔어요.

항상 전교 1등을 놓치지 않던 고등학교 옆반 친구에게 익힌 공부법은 지금도 요긴하게 사용하고 있어요. 교과서를 깜빡한 날 이 친구에게 책을 빌렸는데, 친구가 본문 내용을 자기 방식대로 소화해서 교과서 한 구석에 재미있는 낙서로 옮겨 두었더라고요. 지루하기만 한 줄글과 달리 친구의 만화는 재미도 있고 이해도 잘 되었어요. 이때 공부를 한다는 것은 무언가를 내 것으로 만드는, 해석하고 소화하는 일이라는 깨달음을 얻었습니다.

선생님께서는 일찍부터 공부하는 재미를 체득하셨군요. 많이들 언급하는 주도적인 공부 그 자체라는 생각도 들고요. 어린 시절 이야기에서 직업 연구자의 콘텐츠로 훌쩍 넘어가자면, 요즘 주로 접하는 콘텐츠는 무엇인가요?

연구와 관련된 콘텐츠는 일차적으로 팟캐스트나 트위터에서 접합니다. 팟캐스트는 호주 디킨대학에서 만든 'Meet the Education Researcher'를 사운드클라우드를 통해 들어요. 이런 콘텐츠들에서 조각 정보를 얻고 연관된 논문이나 책으로 넘어가지요. 해외 소식과 문헌은 주로 트위터에서 출발해 학술지로 확장하며 수집하고, 책이 보고 싶어지면 전자책을 구입합니다. 영어권 사람들은 본인이 쓴 논문을 홍보하는 통로로 트위터를 잘 활용하는데, 코로나 팬데믹이 심화된 2021년 즈음부터는 논문으로 발전시키는 중인 연구 내용을 블로그에 사전 게시하는 경향이 두드러지는 것 같아요.

공부와 관련된 콘텐츠 경험 중에서는 도서관 서가에서 책을 잔뜩 가지고 나와 창가 쪽 자리에 자리잡고 진득히 읽으며 메모 남기는 시간을 가장 좋아하네요. 원하는 책을 찾아 서가에 갔다가 존재하는지 몰랐던 다양한 목소리를 접하는 체험은 여전히 즐겁습니다. 예전에는 책을 한가득 사서 집안 구석구석 늘어놓고 손에 잡히는 대로 읽는 취미가 있었는데요. 유학할 때 여기저기 이사를 다니면서 책을 잘 사지 않는 습관이 생겨버렸습니다. 제가 산 것들로 '책탑'을 쌓고 야금야금 읽는 경험을 하고 다시 싶네요.

최근 재미있게 본 책은 있나요? 편집 기간에 '탐구' 편집자들은 또래 저자의 책, 동시대의 베스트셀러를 참조해 달라고 자주 요청드리기도 했는데요.

그렇죠. 탐구 시리즈의 기본 취지는 동시대 사람들과 대화를 하는 것이다, 그 이야기를 정말 많이 들어서……. 책을 쓰면서는 『보통 일베들의 시대』(오월의봄, 2022), 『인싸를 죽여라』(오월의봄, 2022)나 『유튜브는 책을 집어삼킬 것인가』(따비, 2020) 등 미디어 분야의 비평서나 리터러시 관련 국내서를 읽었습니다.

모두 재밌었어요. 그런데 대부분 30~50대 남성의 시각에서 쓰이거나 번역된 책이다 보니, 저와는 해석의 관점이 다르다는 생각을 곧잘 했습니다. 어떤 분석은 남성 문화에 대한 과도한 의미 부여 같기도 했고요. 여성 연구자의 관점에서 쓰인 미디어, 온라인 문화 관련 책은 더 없을까요? 이를테면 오세연 감독의 다큐멘터리 「성덕」의 책 버전처럼, 여성 커뮤니티의 활동을 학술적으로 풀어낸 책들이요. 여성 연구자의 관점에서 미디어 문화를 치밀하게 탐색한 좋은 논문은 많은데 책은 이상하게도 찾기가 어려웠습니다.

여성 연구자 관점에서 쓴 온라인 미디어 학술서! 여성 커뮤니티 문화를 미디어 이론이나 사회과학 방법론으로 접근한 양서는 저도 아직 찾지 못했어요. 발견하면 꼭 알려 드릴게요.
미디어 리터러시의 렌즈를 오래 장착한 선생님이 미디어 교육이라는 분야에 관심을 갖게 된 계기도 궁금합니다. 원래 학부 전공은 불어교육학이시죠?

네. 서울대 사범대학 불어교육학과를 다녔고, 사

회과학대학 언론정보학과를 부전공했습니다. 학창 시절의 꿈인 선생님, 기자가 반영된 전공이기도 하네요. 원래는 가르치는 일에 관심이 있었는데, 고등학교에 진학하면서 선생님이라는 직업에 대한 생각이 다소 부정적으로 바뀌었어요. 선생님이 되기보다 학교 자체를 바꾸고 싶다, 학생의 목소리를 존중하는 학교를 만들고 싶다, 이런 생각으로 사범대에 진학했어요.

사실 제가 '미디어 교육'이라는 단어가 나오는 꿈을 꾼 적이 있기도 한데요……. 미디어 교육에 관심 갖게 된 계기를 곰곰이 따져 보면 학교 자체를 바꾸고 싶다고 한 말과 통해요. 선생님이 학생들에게 최신 미디어 사용법을 가르칠 때 사실 그 미디어를 사용한 경험이 훨씬 많은 쪽은 학생이잖아요. 인스타그램, 유튜브 사례처럼 말이죠. 미디어에서는 학생이 교사보다 전문가라는 점, 그렇다면 미디어 교육은 교사와 학생의 권력관계를 뒤집을 수 있는 유일한 장면이라는 생각이 저를 이 분야에 빠지게 했어요.

『온라인의 우리 아이들』의 출간 행사 '우리의 세계 탐구' 라운드 테이블이 기억나요. 지금 우리 사회의 문제가 무엇이라 생각하는지 묻는 질문에 이렇게 답하셨죠. "자기 목소리를 내기 어려운 어린이의 의견을 적극적으로 전해야 한다." 그때는 이 말을 단순히 '약자의 목소리를 듣자'는 차원으로 이해했는데, 권력의 문제를 고려하니 미디어 리터러시 연구의 폭이 한층 넓게 다가옵니다.

지금은 미디어 환경이 뜨거운 주제지만 학부 때에는 이 주제를 연구하는 사람이 많지 않았을 텐데요. 진로 탐색은 어떻게 하셨나요?

원전공인 불어교육과에서는 대중문화 비평 과목이 문화나 미디어에 관한 관점을 만드는 데 큰 도움을 주었습니다. 3학년 이후에는 진로를 탐색하기 위해 학교 밖으로 활동지를 옮겼는데요. 대학원을 갈 생각으로 '미디어 교육' 키워드를 검색하니 뜻밖에 대학이 아닌 시민 단체 이름이 올라오더군요. YMCA, 뫼비우스, 한국성폭력상담소 등의 단체가 언론 모니터링 활동을 하며 시민을 대상으로 한 미디어 교육 연구를 하고 있었던 것이죠.

제가 대학원 진학을 고민하던 2000년대 초반에는 국내에 참고할 만한 미디어 교육 자료가 거의 없었어요. 그런데 당시 논문을 쓰고 있던 YMCA 청소년 활동

부장님이 제 관심사를 듣고는 같이 작업하자고 권해 오셨어요. 일종의 연구조교였던 거죠. 그 분의 논문 선행 연구에 포함할 만한 자료를 찾고 정리하면서 1990년대에 출간된 주요 해외 문헌들을 접할 수 있었습니다. 미디어 리터러시 연구자로서의 공부를 시작하게 한 첫 번째 책도 이때 만났고요.

논문을 준비하는 시민 단체 활동가의 연구조교를 맡다니, 있을 법한 일이다 싶으면서도 선생님의 적극성에 놀라게 되네요. 공부의 시작을 도와준 첫 책은 무엇이었나요?

1992년에 출간된 *Media Education: and introduction*(BFI)라는 책입니다. 당시 제가 품고 있던 많은 질문에 직접적인 답을, 또 답을 찾기 위한 출발점을 제시해 준 훌륭한 개론서였어요. 시민 사회가 주도한 미디어 모니터링 활동을 보며 다소 흐릿하게 이해했던 미디어 교육이 교육 현장에서는 이렇게 체계적으로 실현될 수 있다는 깨달음을 얻었죠. 그때의 쾌감이 아직도 기억납니다. 시간이 지나 이 책이 영국에서 미디어 교육을 하는 교사를 위한 연수 자료였다는 것을 알게 되었는데요. 그만큼 선생님들이 현장에서 궁금해하는 모든 미디어 교육 지식이 담긴 책이라고 할 수 있겠습니다.

연구조교를 하며 읽은 자료들은 하나같이 미디어 분야의 중요한 논문들이었어요. 그 논문의 저자들에게 한 명 한 명 연락해 대학원 진학 상담을 받았습니다. 국내에는 한양대 사범대학 권성호 교수와 서강대 미디어교육과정(현재 언론대학원) 쪽에, 해외에는 지금 미국 로드아일랜드대 커뮤니케이션학과에 있는 르네 홉스(Renee Hobbs) 교수와 저의 박사 지도교수이기도 한 영국의 교육학·커뮤니케이션학 연구자 데이비드 버킹엄(David Buckingham) 교수에게 연락했어요. 여러 정보를 종합한 끝에 홉스 교수가 추천해 준 하버드대 교육학대학원 석사과정을 선택했습니다.

추천받은 하버드대의 과정은 어떤 특장점이 있었나요? 석사 학위를 교육공학으로 받으셨는데, 미디어 리터러시라는 개념과 제가 아는 교육공학 사이에 괴리가 느껴지기도 해요.

이 과정에는 스스로 전공을 설계할 수 있는 개별 전공 프로그램(Individualized Program)이 있었어요. 제가 선택한 강의들을 모아 보니 교육공학(Technology in Education) 전공 필수 과목을 모두 들었더라고요. 교육공학이 취직이 잘 되는 편이니 교육공학 학위로 졸업하면 어떻겠느냐는 지도교수님의 제안을 받아 그대로 졸업했습니다.

교수 학습 설계에 방점을 둔 교육공학과 달리 제가 선택한 과목들은 기술을 활용한 교육, 미디어에 대한 교육을 가르치는 미디어 중심의 교육공학 수업이었어요. 「뽀뽀뽀 유치원」 같은 방송 프로그램이 아이들에게 어떤 교육적 효과가 있는지나 특정 미디어 기술의 역사를 공부하는 수업들이었죠. 교육학대학원 과정은 근처 대학에서 학점 교류도 가능해서, MIT에서 '텔레비전 이해하기'라는 제목의 텔레비전 기술사 과목을 수강하기도 했습니다.

과학기술학 전공자로서 기술, 미디어의 교육적 영향과 상호작용에 관한 내용도 교육공학에 해당한다는 것이 새롭게 들립니다. 석사 졸업 후에는 바로 데이빗 버킹엄 교수에게 수학하러 가신 거고요.

지도교수와의 이야기도 하지 않을 수 없습니다. 탐구 시리즈를 알리는 소책자 '탐구하는 생활'에서 책 집필에 영향을 준 단행본 1번으로 꼽은 『전자매체 시대의 아이들』(우리교육,

2004)이 이 분의 책이더군요. 지도교수님은 어떤 분인가요?

　제가 진학한 박사과정의 정식 명칭은 런던대 교육학연구대학원(Institute of Education)의 '문화, 커뮤니케이션, 페다고지'입니다. 교육학이라는 우산 아래 정말 다양한 세부 전공과 논의들이 오가서 동료 박사생들과의 대화를 통해 많은 것을 배울 수 있었는데요. 지금은 유니버시티 칼리지 런던으로 통합된 이 대학은 오로지 지도교수를 보고 선택한 곳이었어요.

　버킹엄 교수는 영국에서 일찍이 문화연구자로 이름을 알렸습니다. 「이스트엔더스(East Enders)」라고 1985년 첫 방송한 후 지금까지 방영 중인, 한국의 「전원일기」 같은 장수 프로그램이 있는데요. 버킹엄 교수는 런던 이스트엔드 지역에 사는 노동자 계층의 이야기를 다룬 이 드라마가 계층별로 다르게 해석된다는 주장으로 유명해졌습니다. 같은 메시지라도 미디어를 보는 사람이 처한 환경과 문화에 따라 다르게 해석된다는 새로운 주장이었죠. 미디어가 폭력적인 메시지를 내보낸 결과 미디어 메시지를 받아들인 수용자가 폭력적으로 변한다는 기존의 견해가 아니라요. 가장 큰 영향을 받은 지도교수의 책은 1994년 출간된 *Cultural Studies*

Goes to School(Taylor&Francis)인데요. 학생들이 자신들의 관점에서 미디어를 어떻게 소화하는지를 생생하게 쓴 책입니다. 이런 접근 방식이『온라인의 우리 아이들』집필의 토대가 되었죠.

버킹엄 교수는 어렸을 때부터 영재였고 일찍 교수가 된 '엘리트 연구자'입니다. 실제로 만나 보니 어른과 어린이 청소년의 권력관계를 바꿔야 한다는 생각을 같이하는 분이라 너무 좋았어요. '누구나 자기 목소리를 낼 수 있다, 연구 대상자를 존중해야 한다'는 태도를 고수하는 모습에서도 많은 것을 배웠고요. 동료 교수들에게는 혹독했지만 학생이 가져오는 생각에는 항상 엄청난 호기심을 보이셨습니다. "너는 이런 생각을 하는구나. 나는 이런데……"라며 의견을 덧붙여 주었고요. 이런 교수님의 일대일 지도 방식이 공부를 쌓아 가는 데 큰 도움을 주어서, 저도 대학원 강의를 할 때에 가능한 한 반드시 학생과의 일대일 세션을 포함하고 있습니다.

연구자로서의 태도, 교수법까지 믿고 배울 수 있는 스승이 있어서 참으로 든든할 것 같아요. 지금도 교수님과 종종 연락하시나요? 같은 지도학생들과의 교류도 궁금하고요.

지도교수님은 제가 졸업할 때쯤 다른 대학의 커뮤니케이션학과로 적을 옮겼는데, 아쉽게도 비교적 이른 나이에 은퇴를 하셨어요. 지금은 진로 고민이 있을 때마다 연락드리고 조언을 얻기도 합니다. 교수님의 조언을 항상 따르는 것은 아니지만요.

함께 공부하던 동기는 모두 저처럼 외국 학생들이었어요. 대만에서 온 친구는 박사과정을 아주 빨리 마치고 고국에서 교수가 되었고, 그리스에서 온 친구는 사연이 있어 2022년에 드디어 박사학위를 받았습니다. 그 친구의 축하를 겸해 영국에서 한번 모이자는 이야기를 하고 있습니다. 서로 걸어가는 길은 다르지만 타지에서 고생하며 서로 격려했던 기억 때문인지 멀리서도 늘 든든한 내 편처럼 느껴지는 친구들입니다.

중고등학교 학창 시절부터 대학원까지, 또 지금의 연구까지 선생님의 공부 여정을 듣다 보면 나만의 관점을 가지는 것이 무엇보다 중요해 보입니다.

내가 접한 정보, 글, 의견들이 모여 공부가 되려면 단순히 정보를 모아서 가지고 있는 것 이상의 절차와 과정이 있어야 하는데요. 먼저 내가 가지고 있는 문제의식과 관점을 인지하고 그 내용을 꼼꼼히 이해한 후, 이해한 내용을 나의 관점으로 재해석하는 별도의 집중 시간이 필요합니다. 다른 정보나 사건, 업무에 방해받지 않는 시간 말이지요. 버킹엄 교수님이 농담 반 진담 반으로 창의적인 생각은 샤워할 때 나온다고 하셨는데, 실제 경험으로 동감하기도 해요. 샤워를 할 때만큼 방해를 받지 않는 상황이 없으니까요.

정책연구 기관에서는 다양한 영역과 지위의 사람들과 협업할 일이 많을 텐데요. 그렇게 축적된 연구자의 관점은 실무와 어떻게 연결되나요?

박사를 막 받았을 때는 나의 해석, 내가 가는 길이 정답이라는 편협한 생각을 하기도 했습니다. 연구자 외에 다른 직종의 사람들과 같이 일하면서, 다른 사람의 이야기를 잘 들어야 일이 더 잘 될뿐더러 내 시야가 넓어진다는 것을 알게 되었죠.

제가 있었던 경기도교육연구원은 경기도교육청의 의사결정을 위한 연구를 주로 수행하는 기관인데요. 교육청 소속 장학사에게 가장 필요한 것은 거창한 이론이나 데이터 분석 결과가 아니라 현장에서 쓸 수 있는 정책 제언입니다. 처음 입사했을 때는 이와 반대로 생각했고, 결과 보고회마다 나오는 "그래서 그 연구 결과를 가지고 우리가 무엇을 할 수 있죠?"라는 질문의 의미를 잘 이해하지 못하곤 했어요.

연구가 정말 의미 있으려면 연구의 내용이 정책으로 연결되어야 한다는 사실을 깨달은 건 다음 직장인 시청자미디어재단에서였어요. 기존 연구보고서를 참조해 정책을 만드는 입장이 되어 보니 보고서들의 연구 주제는 저마다 다른데 결론에 제시된 정책 제언은 '교육 역량 강화', '교육 프로그램 개발', '교재 제작', '교원 연수 강화'처럼 거의 다 똑같다는 걸 알게 된 거예요. 연구 결과가 시사하는 바를 오래 고민하거나 의뢰자의 입장에 서서 정책 제언을 했다면 뻔한 결론이 나오지 않았을 것입니다. 이때를 계기로 제가 작성했던 보고서들도 되돌아보았고요.

실무에서 얻은 깨달음이 이후의 연구에도 도움이 되었겠습니다. 그렇다면 가깝게 지내며 의지하는 학술적 동료가 있나요? 《한편》 6호 '권위'에 「당신을 위한 문해력」을 실었고 탐구 학술대회에서 대담자로 참여했던 박유신 선생님과 공동 연구를 여러 번 하셨죠.

「세계시민을 위한 미디어정보리터러시 교안 개발 연구」(유네스코한국위원회, 2020) 등을 함께 쓴 박유신 박사님은 어린이 미디어 문화 연구나 미디어 리터러시 교육을 주제로 한 공식, 비공식 자리에서 오래 만난 사이입니다. 공통 관심사에 대한 관점이 서로 달라서 연구할 때 많은 것을 배우고 있어요.

어떤 프로젝트를 하든 공동의 가치를 지향하지만, 서로 다른 관점에서 접근하는 동료를 만났을 때 특히 더 성장하게 됩니다. 이런 기쁨을 이어 가고자 공부 모임을 꾸리는데요. 마음 맞는 연구자들은 보통 여성들인데 정작 함께하는 활동은 공부 모임이나 논문 작업에 그치는 듯합니다. 조직력을 좀 더 갖춰야 할까요? 공동 연구에서 만난 좋은 연구자를 잘 소개하는 일도 앞으로의 과제입니다.

맞아요. 아직 덜 발굴된 미디어 문화 이론 연구가 더 많이 알려지면 좋겠습니다. 『온라인의 우리 아이들』이 그 시작점이 되지 않을까요? 마지막으로 나만의 관점을 중시하는 선생님이 이번 저술 경험에서 새로 알게 된 점도 들려주세요.

책을 쓰는 작업의 무게, 책임감을 더 생각하게 됐어요. 『온라인의 우리 아이들』은 처음부터 대중을 대상으로 한 글을 쓴 굉장히 중요한 경험이었습니다.

연구자가 자기 목소리를 내는 통로로 논문, 연구 보고서, 책이 있는데요. 사실 앞의 두 가지는 연구의 내적 완결성을 갖추는 것이 중요하지 무언가에 책임을 지는 문건은 아닙니다. 하지만 책은 달라요. 이전에 써 온 글에서는 제가 만난 어린이와 청소년, 청년의 목소리를 전달하는 데 집중했다면 책을 쓰는 동안에는 제가 연구한 것들을 어떻게 내 관점으로 녹여서 잘 드러낼 것인지를 많이 고민했습니다. 연구자로서 목소리를 내는 일의 중요성을 알게 된 것이죠.

책을 쓰기 전까지 저를 연구자로 살게 한 가장 큰 동력은 미디어 리터러시 분야의 중요한 이야기가 계속되어야 한다, 그리고 내가 그 작업에 기여하고 싶다는 사명감이었어요. 이제는 내 관점을 드러내는 일의 책임감을 느낍니다. 앞으로 독자들을 만나서 대화할 생각을 하자면, 이후의 활동 방향도 고민하게 되고요.

그래서인지 요즘은 책 작업을 더 부지런히 하고 싶은 마음이 커요. 지금 계획 중인 책은 부모나 양육자를 대상으로 한 디지털 미디어 관련 육아 지침서, 디지털 시민성과 관련한 청소년 문고, 2015년에 썼던 미디어 리터러시 이론서를 보완한 개정판 등입니다. 저는 지금의 미디어 환경에서 나타나는 문제를 해결하고 미디어 리터러시 담론을 만들어 갈 주체가 청년들이라는 믿음을 갖고 있어요. 그러니 꼭 아이가 있지 않더라도 20~30대가 자신의 온라인 경험을 돌아보고, 미디어 환경과 온라인 문화를 바꾸는 활동에 주도적으로 참여해 주신다면 좋겠습니다.

"자신의 목소리가
세계에 울려 퍼지는 것이
탐구의 목표입니다."

교통·철학 연구자
전현우 인터뷰

전현우는 교통·철학 연구자로 소개된다. 인천에서 태어나 서울을 오가며 교통에 관심을 기울이게 된 것은 서울에 있는 대학에 입학했기 때문이다. 서강대 철학과에서 학부와 석사 과정을 마쳤는데, 석사 논문은 자연종 문제에 관해 썼다. 그럼 교통과 철학은 어떻게 가운뎃점으로 만나는 것일까? 첫 책 『거대도시 서울 철도』(워크룸프레스, 2020) 서론에 따르면 "교통의 세계는 당신의 마음과 기억이 바로 그 자리에 있게 해 준 현실적인 조건이다." 인간의 마음을 이루는 현실적인 조건을 밝힌다는 야심과 교통에 대한 집요한 열정이 교차할 때, 오랜 뚜벅이인 나는 후자에 감화되면서도 전자가 더 궁금했다.

내가 전현우를 처음 만난 것은 2021년 1월 한국출판문화상 시상식이다. 《한편》이 편집 부문에서 공동 수상했을 때 『거대도시 서울 철도』는 학술 부문에서 수상했다. 코로나19 때문에 아크릴 판을 세워 둔 채 작게 치러진 시상식이 끝나고, 나중에 연락을 달라고 멋쩍게 인사를 건넸다. 이보다 앞서 한 연재물을 책으로 내자고 제안했는데 이야기가 잘 되지 않았던 것이다. 그로부터 11개월이 지나 새 원고를 봐 달라는 메일이 도착했다. 탐구 시리즈를 준비하던 때로, 시리즈의 세부는 정해지지 않았지만 나와 같은 독자들이 처음부터 끝까지 읽을 수 있는 책을 만들기로 의기를 투합했다.

전현우를 처음 알게 된 것은 철학을 검색하다가 알게 된 네이버 블로그(/non_organ)와 카페(/abcde1)에서였다. 《한편》과 탐구에서 함께 일하는 많은 저자가 이처럼 인터넷에서 알게 된 또래 세대들이다. 관심 있는 책을 줄기차게 언급하는 사람을 발견하고, 블로그에서 SNS까지 지켜보다가 어느 날 오프라인에서 만나게 되는 것. 이런 공통의 세대 경험은 서로 다른 배경, 이력을 두고도 대화하는 데 수월하게 쓰이고, 같은 생애 주기와 사회 변동을 겪으며 공통의 목표를 추구하는 데에도 도움이 된다. 앞서 무의미를 딛고 세대 정치의 가능성을 다시 찾고 있는 김선기를 만난 뒤로, 전현우에게는 1년을 꼬박 들여서 책을 써낸 역량과 끈기의 배경을 듣고 싶었다. 서울 강남 압구정에서 끝없이 허물고 새로 짓는 공사장을 지나 행인을 위협하는 차들을 피해 카페를 찾아가, 실을 자아내듯 느리지만 내실 있는 철학적 대화를 나눴다.

인터뷰 신새벽

글쓰기란
무엇인가요?

"모든 글쓰기는
독자가 듣고 싶은 이야기와
저자가 하고 싶은 이야기 사이에서
협상하는 일입니다.
공부를 할수록 승률이 올라가고
어려운 협상에도 나설 수 있습니다."

지금 무슨 일을 하고 있는지부터 시작해 볼까요? '공부하는 일'의 공통 질문이에요.

흙수저 집안이라 돈이 되면 뭐든지 합니다. 서울 시립대 자연과학연구소가 활동하는 데 좋은 울타리가 되어 주고 있습니다. 신기한 데이터를 여럿 활용할 수 있죠. 변화를 꿈꾸는 과학기술인네트워크(ESC)라는 시민 단체에서도 활동하고 있습니다. 과학기술이 경제 발전의 도구가 아니라, 우리 삶을 더 풍부하게 만드는 삶의 도구가 되어야 한다는 것이 이 단체의 정신입니다. 안타깝게도 헌법 127조에는 아직 "국가는 과학기술의 혁신과 정보 및 인력의 개발을 통하여 국민경제의 발전에 노력하여야 한다."라고 박혀 있습니다.

2014년부터 데이터를 모아 2020년에야 끝낸 『거대도시 서울 철도』 작업을 할 때는 다른 일 안 하고 그 책만 쓴 시간이 1년이 넘기도 했는데요. 이제는 생업에 늘 바쁜 한국적인 삶을 살고 있어서 책을 쓰거나 옮길 시간이 많지 않아 아쉽습니다. 『그리드』(동아시아, 2021)는 출퇴근 시간에 옮겼고, 『납치된 도시에서 길찾기』는 퇴근한 뒤, 그리고 휴일과 휴가 때 썼습니다. 2022년 하반기에는 최근의 민자철도 확대 국면에 대한 연구의 책임연구원이 되어 여러 동료들을 지휘해 보고서를 쓰기도 했네요. 아, 『오송역』이라는 또 하나의 괴작도 썼습니다…….

한국인스러운 또는 현대인스러운 바쁜 일상 속에서도 여가 시간에 『납치된 도시에서 길찾기』를 탈고한 것이군요. 이 책을 편집하면서 지금보다 방대했던 초고를 하나로 꿸 수 있는 바늘이 저자의 삶이라고 여겨서 개인적인 이야기들을 청했는데요. "도서관의 책을 닥치는 대로 탐독하던" 고등학교 시절보다 앞선 이야기도 들려주세요.

동인천에 화도진도서관이라는 곳이 있습니다. 초등학교 1학년 때 누나 손잡고 처음 갔는데, 거기 꼽혀 있던 역사책들이 기억에 남아 있습니다. 『삼국사기』에서 백제와 신라가 죽을 각오로 싸우는 7세기 시절 이야기가 떠오르는데요. 죽죽이라는 사람의 장렬한 최후가 지금도 뇌리에 남아 있습니다. 이름부터 대쪽같이 쪼개져 죽으라는 뜻이라고…… . 집에 있던 위인전들도 기억납니다. 이순신이 어릴 적 병정놀이 하는 일화에서는 나도 이렇게 똑 부러지게 지휘를 할 수 있을까 생각했고, 할아버지가 사 준 정주영 위인전 속 유조선으로 바닷물 막는 장면에 감탄했군요.

'들어가며'에 쓴 1994년 넬슨 만델라의 남아프리카 공화국 대통령 당선은 제가 여덟 살 때인데요. 집에서 구독하던 《조선일보》와 KBS 뉴스에서 동시대의 쾌거로 다루던 기억이 또한 선명합니다. 아파르트헤이트에 저항하며 자유를 향한 여정을 밟은 사람이 저에게 해방을 보여 준 첫 사람인 모양입니다. 이후에는 다큐멘터리를 많이 봤는데, 2000년 KBS에서 방영한 '도올의 논어 이야기'부터 다시 책 기억이 시작됩니다. 거대한 강당에 빼곡하게 모여서 선생님이 무슨 말을 하는지 귀를 쫑긋 세우고 듣는 분위기가 좋았습니다. 용돈 아껴서 책을 사다가 봤습니다. 2년 뒤 고등학생이 되어서는 책을 보려고 도서부에 들어갔죠. 중학교 때는 학교 도서관이 개방되어 있지 않았습니다. 지금 생각하니 나쁜 학교였네요.

새천년 인터넷 환경을 빼놓을 수 없죠. 인터넷 커뮤니티마다 이른바 좌익 서적들이 활개를 치던 때였군요. 그때 네그리·하트의 『제국』이 뜨거웠습니다. 정보화 시대의 혁명을 말한다는 데 혹해 버렸습니다. 인터넷이 연 자유의 분위기에 취하기 딱 좋은 책이었다고 할까요. 그다음으로 머리통 맞은 듯한 충격을 준 책이라면 솔직히 말해 피터 드러커입니다. 『경영의 지배』는 아직 서가에 꽂혀 있습니다. 세상이 이러저러해야 한다고 입바른 소리 하는 사람들의 이상이 얼마나 달성하기 어려운 일인 줄 아느냐는 보수적인 말들과 대결을 하려고 보았던 것인데, 결국에는 드러커에게 설득이 되었어요. 100퍼센트라는 건 없다. 가능한 현실적인 목표를 세우는 게 실무를 하는 요체다. 개인적으로도 암담하던 시절이라 설득되었을까 싶기도 합니다.

2005년 대학 1학년 즈음 교통 데이터들이 차차 공개되기 시작했습니다. 사람들이 이렇게 저렇게 모여서 흘러가고, 그 결과 거대하고 화려하게만 보이는 도시가 이러저러하게 변한다는 상을 품게 되었어요. 교통을 둘러싼 숫자, 이미지 자료는 이러한 상을 새처럼 날아올라 부감하고 실재와 연결시킬 수 있게 돕는달까요. 국책연구기관 보고서들도 열심히 봤고, 교보문고에서 파는 교통연구원, 서울연구원 종이책 보고서를 돈 아껴서 몇 권 사 둔 게 아직 있군요.

어린이 때 구국의 영웅에 꽂혔다는 점이 많은 걸 말해 준다고 생각합니다. 안토니오 네그리와 피터 드러커라는 좌우 날개도 지금의 포지션을 예비하고 있는 듯한데요. 저자 전현우는 늘 이렇게 두 상반되는 영역에 다리를 걸치고 있는 이미지예요. 한줄 직함으로 쓰는 '교통·철학 연구자'도 마찬가지인데, 철학 이야기를 파고들어 볼까요. 빡빡하고 길고 난해한 철학책을 도대체 왜, 어떻게 읽으시나요?

철학책 읽기…… 시작한 지 20년이 지나 힘들었던 기억은 잘 나지 않는데요. 시일이 쌓여 이제 새까맣게 낙서하는 건 안 해도 되고, 그냥 읽어도 중요한 건 보이더라 정도입니다. 예전이든 지금이든 일단 이해가 안 되어도 끝까지 읽습니다. 제 경우에는 한번 읽고 바로 다시 읽으면 머릿속에 내용이 남아서 시간 낭비이고, 내용을 좀 잊어버릴 때까지 기다린 다음 시차를 두고 읽는 게 효과적이더군요. 그중에서도 난해했던 책은 들뢰즈의 『천 개의 고원』이에요. 재미있는 부분이 20퍼센트 정도였던. 모든 부분이 재미있었던 것은 플라톤의 『소피스테스』. 플라톤 후기의 걸작으로, 소피스트와 철학자를 구분하기 위해 동물부터 시작해 소피스트에 이르는 일종의 분류 나무를 그려 가면서 진행하는 분석이 아주 마음에 들었습니다.

비트겐슈타인은 학부 때 엄정식 교수의 강의에서 듣고 신기한 사람 같아서 읽게 되었습니다. 『철학적 탐구』와 『논리철학 논고』가 대표 저술인데, 『논리철학 논고』는 제가 다 따라갈 머리는 안 되었던 모양입니다. 『철학적 탐구』는 인간 언어의 화용론에 대해 좀 더 접근해 있는 풍부한 책이라는 느낌이 들어 닳도록 봤습니다. 『납치된 도시에서 길찾기』의 바탕이 된 첫 번째 책으로 소개했던 『확실성에 대하여』는 분석철학을 하는 김영건 선생이 많이 언급했죠. 실제로 펴서 읽어 보면 별로 확실해 보이지 않고 끝없이 이어지는 중얼거림입니다. 이 중얼거림 가운데 '자동차는 땅에서 자라나지 않는다'가 하필 눈에 띄었던 거죠. 삶의 양식이 당연한

듯 깔고 있는 믿음들을 툭툭 건드려 보는 것이 비트겐 슈타인 철학의 재미이니, 때로 당혹스러운 문장이 나올 수밖에요. 지금은 훨씬 더 구체적인 문제를 건드려야만 하는 입장에 선 이상 더 본격적으로 찔러 보는 게 필요 하다고 생각하고, 제가 말과 그림이 많아지는 건 이렇 게 찔러 보는 와중에 일어나지만, 아무튼 철학적 탐구 의 시작으로는 아주 좋다고 생각합니다.

『확실성에 대하여』를 추천하는《조선일보》'당신의 책꽂이'의 이 구절도 좋았습니다. "끝없는 중얼거림 속에서, 빛나는 문장 몇 개를 잡고 완고하게 굳어버린 생각의 사슬을 끊어 재조합 하는 일이 좋다." 한편 인터넷 생활도 언급해야겠죠.

인터넷 게시물은 사람들의 마음속을 탐구하는 용 도랄까요. 거의 20년 전부터 확인한 디시인사이드 철 도 갤러리를 들어야겠습니다. 지금까지 교류하고 있는 '조사부장', '철도병원' 같은 분들을 여기서 만났습니다. 2010년부터 '베트남 갑오징어'로 하고 있는 트위터, 최 근 사용을 늘린 페이스북, 검색해서 보는 인터넷 게시 글들. 새 책을 내고 매일 검색하는데, 무플보다는 악플 이 나오니 모든 반응에 다 감사합니다.

요새 주로 접하는 콘텐츠는 일과 관련된 것들인데 단행본, 논문, 특허, 인터넷 게시물 모두 각자의 역할이 있습니다. 단행본은 내가 아는 게 별로 없는데 A부터 Z까지 머릿속에 집어넣어 준다는 강점이 있다면, 논문은 상황을 대략 아는 사람들끼리 조각 정보를 나누는 서신이 공개되어 있다는 느낌이고요. 특허는 최근 몇 년 생업으로 해 온 사교육 관련 일 때문에 보는데, 말로 만든 기계라고 할 수 있죠. 이대로 따라 하면 짜잔 하고 결과가 나온다는 의미에서요. 법조문처럼 정의부터 쫙 깔아 주는 부분이 정말 지겨운데, 설명을 따라가다 보면 아! 하는 재미가 있어요. 제가 썼던 글이 특허와 비슷한 점이 많았던 거 같아서 반성하기도 합니다.

초고를 힘겹게 읽어 나갔던 편집자 동료들과 나누고 싶은 대목이네요. 비트겐슈타인을 접하게 된 대학 시절 이야기를 본격적으로 해 볼까요?

학부, 석사 모두 서강대 철학과를 나왔습니다. 박사는 서울시립대 도시과학 협동과정에 응시했는데 떨어졌습니다. 하려다 못한 쪽이로군요. 철학과를 가려면 서강대가 좋다는 이야기를 들었는데, 제가 학부에 들어갈 때에도 서동욱 교수가 유명했습니다. 저로서는 재미를 따라 책을 읽고 싶었지만 서양철학사 전체를 쌓아올린 다음에 현대철학을 마주할 수 있다는 강조를 먼저 만나게 되었습니다. 좀 보다 보니 생각보다 재미가 없더라고요. 정직하게 말해서 이걸로 혁명이 될까? 그런 생각이 들었어요.

좀 더 재미를 느낀 건 김영건 선생의 수업이었습니다. 논리학개론 수업에서 이 학생 저 학생 말을 시키는데, 제가 그때 좋아하던 네그리 같은 사상가를 많이 인용하니까 자기 말로 간단하게 말하라고 자꾸 시키는 거예요. 기분이 나빴지만 F학점을 받을 수는 없으니 참고 노력을 좀 해 봤습니다. 좌충우돌하다가 다행히 나쁜 버릇은 고쳤다고 해야 할까요. 자기 말로 간단히 말하는 것으로 충분하다고 느낄 때 해방감이 있었습니다. 나중에는 이런 해방감을 느끼지 못하는 다른 사람들이 이상하다고 믿고 네이버 블로그 등지에서 열심히 키보드 배틀을 했던 기억입니다. 인터넷으로 만난 김우재, 김원기('알레프') 이런 사람들에게서도 배울 것이 많아 보여 따라 하기도 했고요. 철학적 관심에 살을 더 붙이는 데는 심리철학 수업을 열었던 신상규 교수, 라이프

니츠를 비조로 삼는 분석형이상학 수업을 열었던 박제철 선생이 또한 중요했습니다.

분석철학 이야기가 나오고 말았습니다. 석사 논문이 「자연종에 대한 본질주의」(2014)인데요. 이 자연종이라는 말이 『납치된 도시에서 길찾기』 초고에도 등장해 이것을 독자에게 어떻게 설명할까 고민하다가 뺐잖아요. 저부터 이해할 기회가 없었는데, 자연종이란 대체 뭔가요?

자연종. 영어로 natural kinds의 번역어인데요. 원래 철학 개념이 고맥락이지만 그 정도가 심한 것 같긴 합니다. 연구 주제로 삼기 시작한 건 철학자들이 당연한 듯 이 개념을 사용하고 있어서였습니다. 이게 뭐야? 아리까리한 말인데 분석철학 한다면서 그냥 막 쓰네? 선행 연구를 찾아보니 두꺼운 논의가 있었고, 2000년대부터 2010년대 초까지는 이것만 가지고 단행본이 여러 권 발간될 정도였습니다. 주제 하나로 분석철학에서 흔하게 일어나는 일은 아니죠. 속된 말로 유행이었달까. 국내에서는 그동안 몇 년에 한 번 논문이 나오다가 2020년대 들어서야 한 해에 논문 여러 편이 나오는 주제이니 사실 제가 무모하게 투신한 것이기도 했고요.

자연종에 대해 검색하면 나오는 정보로는 만족할 수 없을 테니 이 질문부터 시작해 볼까요. 오늘날 철학이 뭘 할 수 있을까? 저에게는 철학이 합리성을 제공한다는 기대가 있었는데요. 앞서 언급한 비트겐슈타인의 『확실성에 대하여』와도 통하는 맥락이지만, 철학과 과학이 갈라져 나갈 때에도, 온갖 주장들이 자신을 믿으라고 떠들더라도, 사람들이 대체로 동의하는 논의의 공통 평면을 찾아낼 수 있지 않을까 하는 어렴풋한 기대였습니다. 그런데 그딴 거 없다는 견해가 모든 면에서 우세해 보였어요. 이런 상황에 대응할 수 있는 게 결국 과학과 그것이 다루는 실재라고 추정했던 철학자들이 있었으니, 이들이 무슨 비빌 언덕을 가지고 있는지 알아봐야겠다고 생각했어요. 그 언덕이 자연종이었습니다.

이 자연종이라는 말을 제가 철학사 속에서 이해하는 것과, 『신비롭지 않은 여자들』을 편집한 맹미선 편집자가 과학기술학을 거쳐 이해하는 지평이 다르다는 걸 확인했거든요. 철학에서는 설명하신 것처럼 공통으로 논의할 최소한의 지평을 마련해야 한다는 역사적인 맥락을 든다면, 과학에서는 생물을 분류하는 가장 기본적 단위를 말하는 '생물종'을 확립된 것으로 쓰고 있던데요. 여기에 아직 남은 생각할 거리가 있나요?

자연종을 분석하는 저술로 크립키의 『이름과 필연』, 퍼트넘의 「의미의 의미」를 들 수 있는데요. 이들은 과학이 실재를 발견하는 일이라고 봅니다. 그 발견 결과 확인한 실재의 단위를 지시하기 위해 사용하는 게 종 명사(kind terms)라고 말해요. '광자' 같은 기초 입자부터 '백금' 같은 원소, '인간' 같은 생물종까지 말입니다. 과학의 합리성을 의심한다면 이들 종명사가 가리키는 대상 역시 구성된 것이라고 말하겠죠. 사회학적 과정을 거쳐 발명된 무언가라고요. 그렇다면 발견은 뭐고 발명은 뭐냐? 이 질문이 쟁점으로 떠오릅니다.

발명은 인간이 자기 의도에 맞춰 자기 외부를 구성하는 일이고, 발견은 의도와 무관하게, 마음과 무관하게 존재하는 걸 찾는 일이라고 답해 보겠습니다. 예를 들어 백금과 은이 다르다는 건 발견해야 하는 일입니다. 두 원소의 물리적, 화학적 성질이 다르다는 건 적어도 18세기부터 알려진 일입니다. 한편 두 원소가 왜 그렇게 다른지, 어떻게 하면 그렇게 다른 원소를 만들 수 있는지는 20세기에야 알게 된 것이죠. 이 현상의 정체는 수백 년에 걸친 과학의 발전 과정에 기대어 겨우 알 수 있었습니다. 반면 은이나 금을 특정 국가의 화폐로 쓰는 건 인간의 의도에 따른 일이죠. 인간의 의도라는 것도 논란이 됩니다만, 아무튼 이렇게 인간이 선험적으로는 알 수 없던 것이자 경험적 정보를 통해 발견하는 일종의 보편자가 자연종입니다. 그리고 이 발견에 따라 자연 세계의 지도를 그려 나가고, 이를 통해 사람들이 동의할 수 있는 논의의 평면을 만들어 나가는 일이 과학이라는 게 이 사람들의 주장이죠. 진짜일까요?

흠, 답하기에 앞서 은근슬쩍 여러 번 등장하고 있는 실재란 무엇인지를 되묻고 싶은데요. 임소연 선생님의 『신비롭지 않은 여자들』 중 '들어가며'는 이렇게 쓰고 있죠. "생물학적 실체는 존재한다. …… 자연은 자기만의 언어와 힘을 가지고 있는 존재다. 과학기술이란 바로 자연의 언어를 이해하고 자연의 힘과 협상하려는 노력이다."(17쪽) 이처럼 실체 또는 실재(real)라는 말로 과학에 대한 믿음, 의지를 표현하는 게 두 분의 공통분모인 것이죠?

　　탐구 학술대회에서 화제가 되었던 종 명사인 입덧이 중요한 사례가 되겠습니다. 2022년 6월 탐구 시리즈 출간을 앞두고 열린 행사에서 한 독자가 "남편이 느끼는 것도 입덧인가요?" 하고 질문했는데요. 그때 임소연 선생은 단호하게 아니라고 답했죠. 왜 아니라고 판단했을까? 아마도 이런 논지였을 겁니다. 임신한 여성이 느끼는 입덧은 사람 융모 생식선 자극 호르몬, 아니면 에스트로겐 같은 특정 내분비 계통에서 출발해 구역 반응에 이르는 인과적 회로에 의해 유발됩니다. 반면 남편의 '입덧'은 이와 원인이 다른 구역 반응입니다. 뭔가 있긴 하겠지만 내분비 차원에서는 다르겠죠. 남편에게는 태반도 난소도 없으니까요. 두 '입덧'은 서로 다른 인과적 회로에 기인하고 설명되는 만큼 서로 다른 종류를, 즉 다른 자연종을 이룬다고 보아야 한다는 것이 선생의 논지라고 파악했습니다.

물론 이런 설명도 논란이 있습니다. 두 입덧 모두 사람이 마음대로 구성한 건 아닙니다. 남편의 입덧이 심인성이겠지만, 거짓으로 지어낸 것은 아닐 겁니다. 그럼 무엇을 발견해야 할까요? 임신한 여성의 경우 구역 반응과 상관관계가 높은 신체 변화, 그리고 그 변화에서 구역 반응에 이르는 실제 생화학 회로를 찾아내야겠지요. 물론 복수의 회로가 구역 반응이라는 현상과 연결되어 있을 겁니다.

한편 남편의 경우에는 상관관계가 진짜 있는지부터 확인해야 할 듯합니다. 사실 사람들이 동의하기 어려운 쪽은 아마 후자일 테고요. 무엇이 의외의 발견인지는 배경 지식에 의존하고, 의외의 발견일수록 배경 지식에 더 큰 충격을 줄 것입니다. 남편의 입덧이 여성의 입덧과 실제로 비슷한 메커니즘으로 생기는 현상이라는 게 발견될지도 모릅니다. 논리적 가능성은 배제되지 않는다, 다시 말해 인간은 한계 없이 상상할 수 있다는 사실이 실제 세계를 알아 나가기 위한 과학의 활동에서 중요한 조건입니다. 덕분에 "남편이 느끼는 것도 입덧인가요?"라는 질문도 가능한 것이고요. 현실적 가능성이 없다, 우리가 알고 있는 자연종으로는 그런 추측이 도저히 말이 안 된다 같은 판단이 임소연 선생의 진술 밑에 깔려 있겠네요.

저는 거의 무한대로 펼쳐진 논리적 가능성 속에서 현실 세계에서 실제로 무엇이 일어날 수 있는지 가능성의 한계를 제약하고 있는 것이 바로 자연종이라고 생각합니다. 방금 설명한 건 존재론적 측면, 실재 그 자체에 대해서죠. 이 제약에 대해 인류가 실제로 알아 가는 것, 그리고 이 제약의 구조를 몇몇 개념을 활용해 제시하는 것이 과학이 하는 일이고, 이 일을 가능하게 하는 게 자연종의 인식론적 역할입니다. 인간은 남편도 입덧을 느끼는 상황을 상상할 수 있을 만큼 논리적 가능성을 모두 찔러 볼 수 있으니, 이런 인식론적 작업 없이는 서로 양립하기 어려운 상상이 마구 가능하겠죠. 과학은 실재에 기반해 상상을 정돈한다, 이렇게 실재를 정돈하는 틀이 자연종이다, 이 정도로 요약할 수 있겠네요.

실재론을 둘러싼 과학철학의 복잡한 맥락을 모두 따라갈 수는 없지만, 과학철학자 장하석의 『물은 H_2O인가?』 속 정의도 도움이 되겠습니다. 실재란 "탐구하는 사람의 의지에 종속되지 않는 모든 것"이며, "우리 자신을 실재에 최대한 노출시키기로 결심하는 과학적 태도"가 소중하다는 것인데요. 과학에 근거하는 저자들 특유의 활기와 탐구열이 이로써 설명된다면, 한편 인문학에서 실재라는 말은 이보다 어둡고 심오한 어감이 있습니다. 둘 사이에서 공통점 또는 차이점을 보시나요?

　　실재는 라캉 등의 정신분석학의 영향을 받은 저자들이 좋아하는 표현이기도 한데요. 인간 마음에서 의식에 드러나지 않는 심연을 주로 실재라고 지시한다면, 자연종 개념은 이 심연에 조명을 비추는 등대를 개념화

한 것이랄까요. 심리철학, 정신의학의 철학에서도 주목을 받았고, 조현병과 같은 정신질환 분류군을 자연종으로 볼 수 있을지를 둘러싼 논쟁도 있습니다. 같이 번역 작업을 많이 했던 천현득 교수에게 도전해 보려고 논문을 쓰다가 결국 못 마친 기억도 있네요.

자연종 개념을 들여다볼수록 저는 영미와 한국 철학계의 온도 차이가 좀 당황스러웠습니다. 저들은 저렇게 떠들썩한데 우리는 이렇게 조용한가? 실재와 과학이라는 보편적인 문제를 잘 다루려고 만든 개념인데? 뭐 이런 심정에서 몇 년을 때려 넣었군요. 개인으로서는 이상한 판단이었으나 당시에는 누군가는 해야 하지 않느냐는 생각을 했습니다. 실제로 좀 외로운 연구였던 기억입니다. 졸업할 때까지 4년 걸렸는데요. 이런 연구 경험이 이후 저술 작업에서 도움이 되었다면, 영어권 모노그래프를 따라잡아 보자는 욕심, 그리고 그 과정에서 내가 사용해야 할 형이상학(존재론)에 대한 의식을 가지게 되었다는 점이겠습니다.

약간 낯설게 들리는 모노그래프(monograph)라는 말을 짚어볼까요. 여러 글의 모음집 그러니까 앤솔러지(anthology)와

반대로, 한 주제에 관해 처음부터 끝까지 한 호흡으로 써 내려
간 글을 일컫는데요. 책을 만드는 두 방법 중에서는 모노그래
프 쓰기가 역시 어렵고 드뭅니다. 2022년 12월에 출간한 탐
구 3종은 모두 모노그래프인데 조무원, 김아미 선생님과 더불
어 서술 방식을 찾기에도, 집필을 위한 시간을 내기에도 늘 힘
겨웠죠. 읽고 쓰는 시간을 어떻게 내시나요?

경험을 바탕으로 정착한 방법이라면 역시 길 위에
서 읽는 것이죠. 정확히는 출퇴근 열차 안에서. 1호선
주안역에서 신도림역까지 30분, 신도림에서 다시 최
종 목적지까지 20분 정도 걸리는데요. 이렇게 일상 속
에서 꼭 개입되는 시간보다 좋은 읽기용 덩어리 시간이
잘 없죠. 출근해서든, 퇴근해서든 뭔가 다른 일을 해야
하지 않습니까. 더욱 다행인 건 요새 출근 인파를 살짝
피해 앉아 가면서 노트북으로 뭔가를 할 수도 있는 상
황이고요. 이렇게 일하고 당산철교든 한강철교든 한강
다리를 건널 때는 뭔가 보상을 받는 기분입니다. 뭔가
열심히 읽은 다음 빛나는 아침 윤슬이 반겨 주는 길을
지나 목적지로 가는 것보다 더 큰 호사는 없을 것 같아
요. 아, 밤에도 좋죠. 서점에서 신기한 책을 사서는 돌
아가는 열차에서 보는 한강은 책으로 들어가기 전 심호

홉을 하기에 좋은 배경입니다.

이렇게 인천을 오가는 시간이 일종의 단위인데, 영어 논문이라면 하루에 딱 하나를 볼 수 있습니다. 좀 헤매거나 긴 논문이거나 하면 안 되고요. 『납치된 도시에서 길찾기』라면 이틀 정도 출퇴근 시간을 들였을 듯해요. 읽는 속도가 열차에서 제일 빠르고, 집에서는 거의 절반으로 느려져서 차라리 그림, 지도, 데이터 작업처럼 노동 집약적인 일을 하는 게 적합합니다. 단순하지만 집중이 필요한 작업을 할 때 오는 쾌감이 있고요.

읽어야 할 책을 미루거나, 쌓아 두고 읽지 않거나 하는 사람들이 저 포함해서 많은데, 독서가 말 그대로 취미이시군요. 그럼 공부, 일이 힘들 때는 언제인가요?

실무에서는 사고가 났을 때 수습하기가 중요할 텐데, 공부로는 안 되고 순발력으로 해결해야 할 일이지만 늘 어색합니다. 철도 정책에 관해 정부가 여는 자문 회의에 들어갈 일이 가끔 있는데요. 저와 생각이 다른 사람의 논박 앞에 충분히 정교한 반론을 하지 못하고 있는 스스로의 모습이 참 한심하기도 하고 어떻게 해야 극복이 될지, 일을 망치는 건 아닐지 순간 걱정도 되고 그렇습니다. 이런 상황에서는 공부보다는 기세가 중요하다는 생각도 들고요. 역시 시간이 절대적으로 필요하다는 걸 계속 깨닫고 있습니다. 실수를 하지 않기 위해서도, 여유를 가지기 위해서도…….

정책 자문이란 연구자가 할 수 있는 활동 중에서도 적극적인 일이잖아요. 공적인 일에 나서는 전문가의 길과 혼자 원고를 쓰는 작가의 길을 동시에 걸어가는 동력이 무엇인가요? 지난 1년 내내 탐구 시리즈 저자들을 닦달했던 저는 깊이는 세상에 대응하는 속도에서 나온다는 믿음이 동력이었어요.

　이런 생각이 있기는 합니다. 한국은 이제 다른 선진국에 비해 못할 것 없죠. 한국인들이 당연히 풍부하고 충분한 지적 작업을 누리고, 이를 바탕으로 자신의 논의를 할 수 있어야 합니다. 더불어 여기에서 낯선 세계에 적용할 수 있는 보편적인 무언가를 탐색해서 세상에 던져 볼 권한과 의무가 있을 테고요.

　예전부터 저는 번역을 많이 했는데요. 논의를 수입해 오는 방법으로는 최고이긴 하지만 수출은 불가능하죠. 중간재라고 할 수도 있겠지만……. 아무튼 자신이 서 있는 곳에서 자신의 목소리로 이야기를 하되, 이 목소리가 단지 우리 동질적인 사람들끼리 내부 잔치에 그치는 것이 아니라 가능한 한 널리 경청하게 만드는 것. 그래서 더 넓은 범위에서 울려 퍼지게 만드는 것이 제가 철학이든 뭐든 새로운 탐구를 계속하는 목표입니다.

사실 자연종이라는 주제도 이런 목표를 이루기 위해 택했던 것입니다. 그게 좀 많은 힘이 든다는 건 몸으로 확인한 바였고요. 누구나 사용할 수밖에 없는 길과 교통을 파야겠다는 결심을 하게 된 장면이 하나 있습니다. 2017년 매드사이언스페스티벌이라는 이상한 생물 학회에서 발표한 적이 있습니다. 주제는 생물종 문제였는데, 돌아가는 역에서 사람들에게 철도와 관련된 몇 가지 사실을 흥미를 섞어서 알려 줬습니다. 이야기를 듣던 ESC 김준 회원이 자연종 그런 거 말고 길 이야기를 해 보라고 지나가는 말을 하더군요. 되짚어 보면 이 사건이 가장 중요했습니다. 『거대도시 서울 철도』에서 『납치된 도시에서 길찾기』로 이어지는 길과 이동에 관한 심층 탐구의 숨은 계기랄까요.

모든 글은 독자가 듣고 싶어 하는 이야기와 저자가 하고 싶은 이야기 사이의 협상이죠. 여전히 실패가 많습니다만, 그동안 공부한 덕에 승률이 꽤 올라간 것 같다, 더 어려운 협상에도 나설 수 있게 되었다고 해야 겠군요. 이런 협상의 장면으로 2022년 가을 포항시청에서 포항 철도를 주제로 했던 강연이 떠오릅니다. 사실 비수도권에서 대중교통, 특히 시내나 광역 대중교통은 거의 주목받지 못하죠. 승용차 타면 금방인데 왜 그런 걸 타라고 하지? 이런 반응이 돌아옵니다. 하지만 포항시 도시 계획과 도시 구조 자체를 아주 구체적으로 짚어 가면서 망 구축 방향에 대해 이야기하자, 시민들이 뜨거운 반응을 보여 줬습니다. 실제 공식 도시 계획 문서에 모순되는 내용이 떡하니 수록되어 있는 걸 발견한 다음 대안을 짚은 자리였죠. 이런 작업을 도시마다 해낸다면, 시청은 물론 시민들의 마음과 협상하기도 결국 가능해 보였습니다. 대중교통 노선 하나에서 시작해, 납치된 도시를 해방시켜 기후 위기에도 강건하게 버티도록 만들 혁명이랄까요. 몽상 이상이 되도록 노력할 생각입니다.

공부하는 일

1판 1쇄 찍음
2023년 2월 13일

1판 1쇄 펴냄
2023년 2월 17일

지은이
김선기, 강연실, 남수빈,
조무원, 김아미, 전현우

발행인
박근섭, 박상준

펴낸곳
(주)민음사

출판등록
1966. 5. 19 (제16-490호)

주소
서울시 강남구 도산대로1길 62(신사동)
강남출판문화센터 5층(06027)

대표전화
02-515-2000

팩시밀리
02-515-2007

© (주)민음사, 2023.
Printed in Seoul, Korea

ISBN
978-89-374-9159-7 03300

* 잘못 만들어진 책은 구입처에서
교환해 드립니다.